Kaffee-Kult

Yasar Karaoglu

Co-Autor: Reinhardt Hess
Foodfotografie: Stefan Braun

Inhalts-verzeichnis

FRANZÖSISCHE VERFÜHRUNG 42

COFFEESHOPS 54

Eine schwarze Leiden- schaft

DER DUFT VON FRISCH GERÖSTETEN KAF- FEEBOHNEN BEGLEITET MICH SEIT MEINER FRÜHEN KINDHEIT. ALS KLEINER JUNGE LEBTE ICH BEI DEN GROSSELTERN IN GÖNEN IN DER TÜRKEI. WENN SICH BESUCH AN- KÜNDIGTE (UND WIR HATTEN OFT VIELE GÄS- TE), WURDE ICH VON MEI- NER GROSSMUTTER IN DIE

STADT ZUM KAFFEE-KAUFEN GESCHICKT. »ABER DENK' DRAN«, SAGTE SIE JEDES MAL, »LASS' DIR NUR FRISCH GEMAHLENEN KAFFEE GEBEN. UND NICHT ZU VIEL DAVON!« ES DURFTEN NUR ETWA 50 BIS 100 GRAMM SEIN, JE NACHDEM, WIE VIELE LEUTE ERWARTET WURDEN. SO TRABTE ICH DENN WOHL FÜNF MAL IN DER WOCHE ZU DER KLEINEN RÖSTEREI IN DER STADT UND HOLTE KAFFEE, BIS MIR DAS EINES TAGES

zu viel wurde und ich mich weigerte, schon wieder so weit zu laufen. Ich mochte zwar den herrlichen Duft, der die kleine Rösterei erfüllte, sah aber nicht ein, warum man fast täglich frischen Kaffee kaufen sollte. »Weißt du«, erklärte mir die Großmutter, »alter Kaffee hat nicht die Kraft und die Essenz, die müden Körpergeister unserer Besucher zum Leben zu erwecken.« Das schien mir plausibel.

Als mich meine Eltern mit elf Jahren nach Deutschland holten, vermisste ich den Duft des frisch gerösteten Kaffees. Mein Vater trank immer nur löslichen Pulver- oder einen Filterkaffee und beide hatten nicht das Aroma des türkischen »Kahve«. Und vor allem war mir unerklärlich, warum er ständig solches »Zeug« trank und gleichzeitig Magenschmerzen hatte – Großmutter klagte nie über Magenbeschwerden. So fragte ich meinen Vater, warum er denn keinen türkischen Kaffee trinken würde, wo der doch offenbar viel bekömmlicher sei. Er meinte, es gäbe in Deutschland kein Geschäft, das türkischen Kaffee frisch rösten würde. Und selbst, wenn er eines kennen würde, könnte der Kaffee nicht so gut schmecken wie bei meiner Großmutter. Da bekam ich Heimweh nach der Türkei und nach dem Duft und Aroma der frisch aufgebrühten Tassen. Ich tröstete mich nun mit den Ferien, die wir immer bei Großmutter verbrachten. Und jedes Mal sagte ich mir, ich würde auch zwanzig Mal in der Woche zur Rösterei laufen, könnte ich doch nur diesen unvergleichlichen und himmlischen Duft in mir aufnehmen.

Fast ein Jahrzehnt verging mit dieser Erinnerung, ohne dass ich hier in Deutschland etwas Ähnliches gerochen hätte. Bis ich eines Tages mit Freunden in einem italienischen Café saß und der Kellner ein Tablett mit kleinen Kaffeetassen an mir vorbeitrug. Ein Wohlgeruch stieg mir in die Nase, der fast vergessene Erinnerungen an vergangene Zeiten wach rief und mir das Wasser im Mund zusam-

menlaufen ließ wie dem Pawlowschen Hund beim Läuten der Glocke. Natürlich wollte ich sofort wissen, was das für ein duftendes Gebräu sei. »Das ist Espresso.«, belehrte mich der Kellner. Ich hatte keine Ahnung, was Espresso sein könnte, wollte es aber auf der Stelle wissen und bestellte dieses geheimnisvolle Etwas. Als dann die kleine Tasse mit einem Fingerhut voll schwarzer Flüssigkeit vor mir stand, lachten mich meine Freunde aus und meinten, ich müsse wohl recht dumm sein, so viel Geld für so wenig Kaffee auszugeben.

Doch meine Nase hatte mich nicht getäuscht. Dieser italienische Kaffee schmeckte so wunderbar, wie ich es nach dem Aroma erwartet hatte, und erinnerte mich an den türkischen Kaffee meiner Großmutter. Allerdings merkte ich gleich die Unterschiede: Der Espresso hatte keinen Bodensatz wie der türkische Kahve, dafür aber einen wunderbaren cremigen Schaum auf der Oberfläche. Beim ersten Schluck muss ich wohl etwas das Gesicht verzogen haben, weil der Kaffee leicht bitter war. Der Kellner erklärte mir, Espresso müsse man süß trinken und so viel Zucker hineinrühren, bis der Löffel stecken bliebe. Das schien mir doch etwas zu viel und ich probierte es erst einmal mit zwei Löffelchen. Und siehe da, der Kaffee entfaltete sich beim Rühren vor meiner Nase wie eine Blume, die gerade erblüht. Und die Wirkung auf mich stand dem Geruchseindruck nicht nach. So fand ich im italienischen Espresso den Duft und das Aroma, die die Erinnerungen an den Kaffee meiner Großmutter wachrufen konnten. Und dieser erste Schluck Espresso war es auch, durch den ich der »schwarzen Leidenschaft« vollends verfallen bin. Die Blume und das Aroma, das frisch gemahlener und zubereiteter Kaffee verströmt, lassen mich seitdem nicht mehr los.

Von der Kaffeekirsche zum Kaffee

DIE **ENTDECKUNG,** DASS SICH AUS KAFFEE-BOHNEN EIN WUNDERBARES **GETRÄNK** HERSTELLEN LÄSST, IST MIT VIELEN **GESCHICHTEN** UND **LEGENDEN** VERBUNDEN, DIE VOR ALLEM VON DER ANREGENDEN UND MUNTER MACHENDEN WIRKUNG HAN-DELN. EINE DER LEGENDEN ERZÄHLT, **HIRTEN** AUS **KAFFA** IN ABESSINIEN (DEM HEUTIGEN ÄTHIOPIEN) hätten die Mönche eines nahe gelegenen Klosters um Hilfe gebeten, weil ihre Ziegen die ganze Nacht über Radau machten. Die Mönche fanden dort, wo die Tiere bevorzugt grasten, Bäume mit kirschenähnlichen grünen, gelben und roten Früchten, die die Ziegen offenbar gefressen hatten.

Die Reihe der Sagen, wie der Kaffee entdeckt worden sei, ließe sich fast unendlich fortsetzen. Nachweisen lässt sich nur, dass die Ur-heimat des Kaffeebaums tatsächlich Äthiopien und vielleicht sogar die im Hochland gelegene Provinz Kaffa sein dürfte. Ziemlich unwahr-scheinlich ist jedoch, dass die alten Äthiopier bereits die Bohnen rös-teten und sich einen Kaffee daraus brauten.

REISE UM DIE WELT

Das Wort »Kaffee« leitet sich vom altarabischen »qahwah« ab, was Kaffee, Wein und andere aus Pflanzen gewonnene Getränke be-zeichnet. Nicht zufällig wurde Kaffee, als er Anfang des 17. Jahrhunderts in Europa eingeführt wurde, auch »arabischer Wein« genannt.

Kaffee ist eine Kulturpflanze mit kurzer, aber um so dra-matischerer Geschichte. Die ersten Pflänzchen wurden wohl im frühen 11. Jahrhundert im Jemen auf künstlich bewässerten Küstenhängen am Roten Meer kultiviert. Von hier aus verbreitete sich der Anbau über die

ganze arabische Halbinsel. Ab 1517 sorgten dann Türken für den weiteren Erfolg, als sie die arabische Halbinsel eroberten. Damit zog auch die Kaffeekultur am osmanischen Hof ein und verbreitete sich in alle Winkel der beherrschten Gebiete. Der islamischen Welt kam das Genussmittel Kaffee gerade recht, war doch der Konsum von Alkohol verboten.

Nach und nach sickerten die ersten Nachrichten über das schwarze Getränk auch nach Europa; wahrscheinlich brachten aber erst 1615 venezianische Kaufleute sackweise Kaffeebohnen aus der jemenitischen Hafenstadt Mocca nach Italien und sorgten für ihre Verbreitung. 1645 eröffnete in Venedig

ein Kaffeehaus, in dem das neue Getränk serviert wurde. In kurzer Folge gab es Kaffeehäuser in England, Frankreich, Holland und schließlich, 1673, auch das erste in Deutschland. Als 1683 die Türken vor Wien vernichtend geschlagen wurden und flüchten mussten, ließen sie auch 300 Säcke ungerösteten Kaffee zurück. Franz Georg Kolschitzky, der sich während der Belagerung große Verdienste erworben hatte, bekam die wertvolle Hinterlassenschaft und eröffnete sein legendäres Wiener Kaffeehaus. Die Beliebtheit dieser geselligen Treffpunkte war so groß, dass es in Venedig um 1760 bereits 200 Kaffeehäuser gab.

Anfangs kam fast der gesamte Rohkaffee aus dem Jemen und die Produzenten versuchten, sich das Monopol für den Anbau zu sichern. Doch dann gelang es den Holländern, keimfähige Bohnen zu ergattern und damit 1658 die ersten Plantagen auf Ceylon (dem heutigen Sri Lanka) anzulegen. Als diese Pflanzen vom Kaffeerost, einer gefährlichen Pilzkrankheit, befallen und vernichtet wurden, begann der Anbau auf Java und Sumatra. Die große Nachfrage in den europäischen Ländern veranlasste die Kolonialmächte, Plantagen in allen geeigneten subtropischen Gebieten anzulegen.

Bis Mitte des 18. Jahrhunderts blieb der Kaffee ein aristokratisches Luxusgut. Erst im Zeitalter der Industrialisierung entstanden bessere Methoden zur Kaffeeherstellung, was sich günstig auf die Preise auswirkte. Bis 1850 wurde dann Kaffee, trotz seines immer noch hohen Preises, ein Volksgetränk des Bürgertums, ein Symbol der gesellschaftlichen Ernüchterung, der Aufklärung. Bohnenkaffee wurde aber erst nach den 50er-Jahren zum billigen und alltäglichen Volksgetränk.

Kaffeepflanzen

Die heute wichtigen Kaffeepflanzenarten haben ihren Ursprung in Afrika und gehören zur Familie der Rubiazeen (Krapp- oder Rötegewächse). Innerhalb der Familie *Coffea*, so der botanische Name, gibt es zahlreiche mehrjährige Bäume und Sträucher, deren Samen sich nicht alle für die Kaffeebereitung eignen. Wichtig sind nur zwei Arten: Arabica und Robusta, kaum von Bedeutung sind Liberica und Excelsa. Mehr als 70% des heute weltweit geernteten Kaffees stammt von Arabica-Pflanzen aus Brasilien, Kolumbien, Mexiko und Zentralamerika. Sie bevorzugen die Höhenluft, erst ab 900 Meter fühlen sie sich wohl. Dazu muss die Temperatur gleichmäßig sein und es sollte auch noch genügend regnen. Geeignet für den Anbau sind die meisten subtropischen und tropischen Höhenlagen rund um die Erde.

Arabica-Kaffee hat eindeutig die besten Qualitäten: sehr komplexe Geschmacksaromen, wenig Säure und im Vergleich zu anderen Kaffeesorten einen geringeren Koffeingehalt (zwischen 0,7 und 1,5%). Bis Mitte des 19. Jahrhunderts wurde ausschließlich die Sorte Arabica angebaut. Allerdings sind die Pflanzen anfällig gegen Krankheiten und vertragen keinen Frost. So wurde nach einer Kaffeeart gesucht, die widerstandsfähiger ist und auch in niedrigeren Lagen wächst. Erst nach 1860 wurden in Uganda wildwachsende Robusta-Pflanzen entdeckt (botanisch *Coffea Canephora*) und später kultiviert, vor allem in Indonesien, Brasilien, an der Elfenbeinküste und in Uganda. Die Robustheit der Sorte macht sich auch im Geschmack des Kaffees bemerkbar, der rauer und bitterer ist. Die Bohnen enthalten mehr Säure und fast doppelt so viel Koffein (2 bis 2,5%) wie die Arabica-Bohnen.

Anbau und Verbreitung: Die Menge Kaffee, die jährlich produziert wird, ist schier unvorstellbar: rund 100 Millionen Säcke, wobei ein Sack 60 Kilo wiegt! Kaffee ist, nach Erdöl, das zweitwichtigste Handelsgut der Welt, über 25 Millionen Menschen sind mit dem Anbau und der Verarbeitung beschäftigt. Leider wird der Preis für Kaffee fast ausschließlich von Großkonzernen bestimmt, was den Kaffeebauern oft das Leben schwer macht. Der Kaffeeanbau erfolgt zur Hälfte durch mittelgroße Betriebe, die zwei bis 20 Hektar bewirtschaften. Ein Drittel der Ernte entfällt auf Großplantagen und der Rest auf Kleinbauern, die weniger als zwei Hektar besitzen. Anbau

und Ernte der reifen Früchte, der Kaffeekirschen, sind arbeitsintensiv. Über einen Zeitraum von zwei bis drei Monaten müssen ständig die reifen Früchte geerntet werden, für die besten Qualitäten, speziell hochwertige Arabica-Sorten, einzeln von Hand.

Die Kaffeekirschen bestehen aus einem weichen Fruchtfleisch und zwei Samen, den Kaffeebohnen. Frische Früchte müssen so schnell wie möglich weiterverarbeitet werden. Bei der »trockenen Methode« werden die ganzen Früchte so lange getrocknet, bis sich die Kaffeebohnen ohne Rückstände aus den Hüllen schälen lassen. Bei der »nassen Methode« wird das Fruchtfleisch maschinell von den Bohnen geschält und die Bohnen werden gewaschen, bis alle Fruchtreste entfernt sind. Da dabei viel Wasser benötigt wird, ist dieses Verfahren teuer, ergibt aber eine bessere Kaffeequalität. Nach dem Polieren, Sortieren und Verlesen kann der Rohkaffee in Jutesäcke gefüllt und verschifft werden. Rösten und Mahlen erfolgt größtenteils in den Konsumländern, sodass den Kaffeebauern der Dritten Welt nur ein Bruchteil des Endpreises zukommt. Deshalb sind Organisationen wie »TransFair« oder »Max Havelaar« bestrebt, die Gewinne aus dem Kaffeehandel gerechter zu gestalten.

In der Art der Kaffeebereitung spiegeln sich auch gesellschaftliche Entwicklungen wider. Doch ist allen Verfahren eines gemeinsam: Die gerösteten und zerkleinerten Kaffeebohnen werden mit heißem Wasser übergossen, das ihnen die aromatischen Stoffe entzieht und so ein duftendes und geschmackvolles Getränk erzeugt. Ob Kannenaufguss oder Kaffeeautomat, ob handgefiltert oder als Espresso zubereitet – die beste Methode ist die, die Ihnen am liebsten ist. Gönnen Sie sich aber auf jeden Fall die Zeit und den Luxus, aus der Kaffeezubereitung ein Ritual zu machen.

Türkische Kaffeetradition

IN DER TÜRKEI STEHT DER KAFFEE SEIT JAHRHUNDERTEN IM MITTELPUNKT ALLTÄGLICHER KLEINER SOWIE GROSSER GESELLSCHAFTLICHER EREIGNISSE. TROTZDEM IST DIE ZUBEREITUNGSART IMMER GLEICH GEBLIEBEN. DIE ZUBEREITUNG SELBST ERFORDERT AUFMERKSAMKEIT UND GESCHICK. BESONDERS WENN DER KAFFEE BEI EINEM BESONDEREN

Anlass serviert wird, zum Beispiel, wenn ein Mann um die Hand eines Mädchens anhalten will. In sehr vielen Gegenden der Türkei ist es heute noch Brauch, dass die Eltern und die Verwandten eines heiratswilligen Mannes – praktisch seine gesamte Gesandtschaft (und oft ist das fast eine ganze Fußballmannschaft) – gemeinsam zum Elternhaus des Mädchens ziehen. Einerseits, um das Anliegen vorzutragen, andererseits, um sich besser kennen zu lernen. Wie könnte man das besser als bei einer Tasse Kaffee, die üblicherweise von der Auserwählten zubereitet und serviert wird. So können sie sich alle (vor allem die zukünftige Schwiegermutter) genau in Augenschein nehmen. Schmeckt dann auch noch der Kaffee, scheint die Welt in Ordnung zu sein.

Üblicherweise wird der türkische Kaffee in einem sogenannten »Cezve« bereitet. Das ist ein schmaler Topf mit langem Stiel, meist aus Kupfer oder Messing und innen mit Zinn beschichtet. Es gibt ihn in verschiedenen Größen, am besten sind die reinen Kupfertöpfe, da sie die Hitze am schnellsten weiterleiten. Türkischer Kaffee wird in vielen Variationen serviert, die Geschmacksrichtungen reichen von honigsüß bis ganz ohne Zucker. In manchen Gegenden der Türkei wird der Kaffee mit Kardamomsamen aromatisiert und bekommt so eine besonders exotische Note. In der Türkei werden Arabica-Sorten bevorzugt, die hell geröstet und sehr fein, also pulverförmig, gemahlen sein sollen.

Türkischer Kaffee
[KAHVE]

ZUBEREITUNGSZEIT: ETWA 10 MINUTEN

1 MOKKATASSE KALTES Wasser in den »Cevze« gießen, dann kommt der Zucker dazu, zuletzt das Kaffeepulver.

ALLES BEI MITTLERER Stufe erhitzen und mit einem Teelöffel rasch unter der Oberfläche rühren, das gibt eine bessere Schaumbildung. Dabei darf der Löffel nicht den Boden des Topfes berühren.

BEIM ERSTEN AUFKOCHEN die Mokkatasse mit einem Drittel Kaffee füllen, den restlichen Kaffee wieder auf den Herd setzen und weiter rühren. Ehe die Flüssigkeit zu brodeln beginnt, den Topf vom Herd nehmen und die Tasse vollends füllen.

DER KAFFEE MUSS sehr heiß und mit Schaum an der Oberfläche serviert werden. Nach kurzer Zeit hat sich der Satz abgesetzt und der darüber stehende Kaffee kann getrunken werden.

FÜR 1 TASSE

2 TL Zucker (für halbsüßen Kaffee)
2 TL frisch sehr fein gemahlener Kaffee (am besten Arabica-Bohnen)

13

Revani

[Grieß-Biskuit mit Zuckersirup]

Dieser Kuchen heißt nach dem **türkischen Dichter** Revani, der im 16. Jahrhundert lebte und die **kulinarischen Vergnügen** pries. Der Kuchen ist **leicht zuzubereiten**. Mit seinem süß-säuerlichen Geschmack passt er sehr gut zum türkischen Kaffee.

ZUBEREITUNGSZEIT: ETWA 1 STUNDE + ABKÜHLZEIT

DEN BACKOFEN AUF 180° vorheizen. Eine rechteckige flache Kuchenform (etwa 20 x 30 cm groß) fetten und mit Backpapier auslegen.

DIE EIER TRENNEN. Die Eiweiße steif schlagen und kühl stellen.

DAS MEHL IN eine Schüssel sieben und mit dem Grieß vermischen.

DIE EIGELBE MIT dem Zucker zu einer cremigen Masse verquirlen. Zuerst die abgeriebene Orangenschale, dann nach und nach die Mehl-Grieß-Mischung unterrühren. Zuletzt den Eischnee vorsichtig unterheben.

DIE MASSE IN der vorbereiteten Form gleichmäßig verteilen. Im Backofen (Mitte, Umluft 160°) etwa 30 Minuten backen, bis die Oberfläche goldbraun ist.

IN DIESER ZEIT für den Sirup 300 ml Wasser erhitzen. Den Zucker, Zitronensaft und -schale dazugeben und bei schwacher Hitze etwa 10 Minuten köcheln, dann abkühlen lassen.

DEN FERTIGEN KUCHEN aus dem Ofen nehmen und auf Zimmertemperatur abkühlen lassen. Sirup und Kuchen sollen dann die gleiche Temperatur haben. Den Sirup nach und nach über den Kuchen gießen, vollständig abkühlen lassen.

DEN REVANI IN nicht zu große Stücke schneiden, mit Kokosflocken oder Pistazien bestreuen und servieren.

FÜR 6 PERSONEN

Für den Teig:
6 Eier
60 g Mehl
120 g Weizengrieß
120 g Zucker
abgeriebene Schale von
  1 unbehandelten Orange
Fett und Backpapier für
  die Form

Für den Sirup:
160 g Zucker
Saft und abgeriebene
  Schale von 2 unbehandelten Zitronen

Zum Garnieren:
Kokosflocken oder gemahlene Pistazienkerne

Keskül
[Mandelcreme]

Dieses beliebte türkische **Dessert** ist ein einfacher
Flammeri aus pürierten **Mandeln** und Milch,
der mit Reismehl gebunden wird. Die Griechen haben
das Rezept übernommen und nennen ihre Süßspeise
»Crema amígdalon«.

ZUBEREITUNGSZEIT: ETWA 1 STUNDE
+ ABKÜHLZEIT

DIE MANDELN EIN paar Minuten überbrühen und etwas abkühlen lassen. Dann mit den Fingern aus den Schalen drücken. Die Mandeln mit etwas Milch in einem Elektromixer zu einer glatten Paste pürieren.

DAS REISMEHL MIT etwas Milch anrühren.

DIE ÜBRIGE MILCH mit dem Zucker in einen Topf geben und bei schwacher Hitze unter ständigem Rühren zum Kochen bringen. Etwas heiße Milch unter das angerührte Reismehl mischen, dann das Ganze in die kochende Milch rühren. Nach und nach das Mandelpüree untermischen. Bei schwacher Hitze 20 – 30 Minuten köcheln lassen, dabei immer wieder umrühren.

WENN DIE CREME dick geworden ist, in kleine Schalen verteilen und abkühlen lassen. Mit gemahlenen Nüssen bestreuen und kalt stellen. Gut gekühlt servieren.

FÜR 4 PERSONEN

120 g Mandeln
600 ml Milch
30 g gemahlener Reis oder
  Reismehl (siehe Tipps)
120 g Zucker
1 EL gemahlene Pistazien
  und Walnüsse

TIPPS

Reismehl ist leicht körnig gemahlener Weißreis, den es in Naturkostläden und Reformhäusern gibt.
Wichtig ist, die Masse ständig zu rühren, damit sie nicht anbrennt.

Kaffee und Kunst in Wien

EIN **WIENER KAFFEE-HAUS** IST, DAS DENKEN JEDENFALLS TOURISTEN, MEHR ALS NUR EIN ORT ZUM KAFFEETRINKEN. DAS KAFFEEHAUS WAR EINMAL EIN **TREFFPUNKT** DER **DICHTER** UND **DENKER, SCHRIFT-STELLER** HATTEN HIER IHRE **POSTADRESSE** UND SCHRIEBEN AN DEN KLEINEN TISCHEN IHRE WERKE, **SINNIERTEN** ÜBER PHILOSOPHISCHE UND

diskutierten über gesellschaftliche Konzepte. Doch mit dem Nationalsozialismus ging diese Kultur unter und heute ist es nicht einfach, dem Mythos »Wiener Kaffeehaus« nachzuspüren. Am ehesten findet man einen Hauch davon in den wenigen erhaltenen Ringstraßen-Prachtcafés. Hier geht die Uhr noch ein bisschen anders als draußen in der Welt und man erinnert sich an den Dichter Alfred Polgar, der meinte, der Wiener liebe sein Kaffeehaus über alles, weil er hier nicht daheim und doch nicht an der frischen Luft sei.

Was ist das nun, was ein echtes Kaffeehaus auszeichnet? Vor allem Platz und Ruhe, denn vormittags kommt der Wiener zum Zeitunglesen vorbei, nachmittags zum Entspannen oder zum kurzen Plausch bei einer »Schale Kaffee«. Noch heute werden in einem traditionsbewussten Kaffeehaus alle wichtigen Zeitungen bereit gehalten und natürlich erstklassiger Kaffee, durch dessen merkwürdige Bezeichnungen man sich aber erst einmal durchfinden muss. Wichtig: Eine »Tasse« ist keine Tasse, sondern das Tablett, auf dem die »Schale« (das ist die Tasse!) serviert wird.

Wissen Sie, was eine »Melange, mehr licht, mit, ohne« ist? Wenn ja, dann kennen Sie sich in der kuriosen Vielfalt der Wiener Kaffeespezialitäten bestens aus. Wenn nein, dann hier die Übersetzung: Eine »Melange, mehr licht« ist ein Milchkaffee mit mehr Milch als Kaffee, deswegen also »licht« (was »hell« bedeutet). Der nächste Punkt, »mit«, bedeutet so viel wie »mit Schlagobers«, also mit einem

Häubchen aus Schlagsahne. Das abschließende »ohne« schließlich weist die Bedienung an, den Milchkaffee »ohne Haut« zu servieren. Wie jeder weiß, bildet sich beim Erhitzen von frischer Milch eine Schicht aus geronnenem Eiweiß, die »Haut«. Für eine Melange »ohne« muss die heiße Milch zum Entfernen der »Haut« durch ein Sieb gegossen werden.

Ein »Schwarzer« ist eine »Schale« mit starkem Filterkaffee, für den die Kaffeebohnen etwas dunkler geröstet werden als bei uns üblich, aber nicht so stark wie für Espresso. Dazu stehen Zucker und »Obers« (Sahne) bereit sowie ein Glas Wasser, das immer wieder nachgefüllt wird. Deshalb konnten die armen Literaten früher leicht einen ganzen Tag im Kaffeehaus bei »einem kleinen Schwarzen und zehn Glasln Wasser« verbringen. Zur »Schale Gold« wird der Schwarze durch die Zugabe von entsprechend viel Obers (es gibt auch noch die Abstufungen »Braun«, »Nuss« und »Nussgold«).

Der »Konsul« ist ein Schwarzer mit etwas Obers, mit einem Schuss Rum wird der Schwarze zum »Fiaker«. Überwiegt die Milch im Kaffee, so nennt sich das »Kaffee verkehrt«. Ein »kleiner Schwarzer« oder »Mokka« ist ein aus besten Arabica-Sorten extra stark gebrühter Kaffee, der auch die Grundlage des »Einspänners« ist: ein Mokka im Glas mit Schlagsahne, während beim »Kapuziner« der Mokka mit Schlagsahne in der Tasse serviert wird. Ein »Kurzer« ist schließlich ein Espresso aus der Maschine wie in Italien. Eine Auswahl aus der Wiener »Kaffesprache« (und nicht nur der) finden Sie auf Seite 77.

Eine Wiener Melange ist letztlich nur ein **Milchkaffee**, auf dessen Zubereitung besondere **Sorgfalt** verwendet wird. Einfacher ist ein »Konsul«, ein kleiner Schwarzer (also Filterkaffee) mit etwas flüssiger Sahne. Aber auch daraus lässt sich eine **Philosophie** entwickeln.

Wiener Melange

Der Grad der Farbabstufungen bei der Melange ist heute nur ein Überbleibsel aus einer Zeit, in der kulinarisches Bildungsgut noch hoch gehalten wurde. So ließ sich ein berühmter Wiener Literat eigens eine Farbskala mit 20 verschiedenen Brauntönen anfertigen und bestellte dann in seinem Kaffeehaus »eine Melange Nummer fünf«. Dieser Milchkaffee musste genau die Farbnuance aufweisen wie auf der Skala bei Nummer fünf angegeben. Wenn die Mischung nicht stimmte, wurde die Melange postwendend zurückgeschickt. Der Ober hatte mit diesem Gast bestimmt kein leichtes Leben!

> **Den Kaffee frisch** aufbrühen.
>
> **Die Milch erhitzen,** aber nicht aufkochen lassen.
>
> **Den Kaffee in** eine große Tasse oder ein Glas gießen, die Milch (wahlweise mit »Haut« oder durch ein Sieb) dazu gießen, servieren.

Konsul

> **Den Filterkaffee aufbrühen** und in eine Portionstasse füllen.
>
> **Die frische Sahne** über einen Löffel über den Kaffee fließen lassen und sofort servieren. Dazu gehört immer ein Glas Wasser.

FÜR 1 PERSON

1 Tasse starker Kaffee (aus kräftig geröstetem Kaffeepulver zubereitet) oder Espresso
frische Milch nach Belieben (also mehr oder weniger als Kaffee)

FÜR 1 PERSON

1 kleine Tasse starker Filterkaffee (siehe oben)
1 EL frische Sahne

Schokoladen-Mokkatorte

Die **Zuckerbäcker** und **Konditoren** Österreichs sind weltberühmt. Ihr Ruhm stieg noch, als die ersten **Kurgäste** in Bad Ischl und Badgastein eintrafen. Denn die Herrschaften trafen sich gern am Nachmittag zu einem »Schwarzen« und einer **süßen Extramahlzeit** im Kaffeehaus.

ZUBEREITUNGSZEIT: ETWA 30 MINUTEN
BACKZEIT: ETWA 1 STUNDE

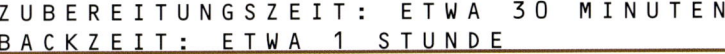

DIE KALTE SCHOKOLADE und dann die Mandeln mit einer Mandelmühle fein mahlen. Beiseite stellen.

DEN BACKOFEN AUF 180° vorheizen. Die Butter in einer Schüssel cremig rühren, den Zucker dazugeben und weiter rühren, bis sich der Zucker aufgelöst hat. Die Eier und die Eigelbe dazugeben, alles weiter rühren, bis eine hellschaumige Masse entstanden ist.

DIE GEMAHLENEN MANDELN, die Schokolade und das Mehl gründlich untermischen, dann den Mokka und das Backpulver unterrühren.

DIE FORM GUT FETTEN und dünn mit Mehl ausstreuen. Den Teig einfüllen und den Kuchen im Backofen (Mitte, Umluft 160°) etwa 1 Stunde backen. Für die Garprobe ein Holzstäbchen in die Kuchenmitte einstechen. Wenn es sich sauber herausziehen lässt, ist der Kuchen gar. Den Kuchen einige Minuten in der Form lassen, dann auf ein Kuchengitter stürzen und abkühlen lassen.

FÜR DIE GLASUR die Kuvertüre im heißen Wasserbad schmelzen lassen, den Kuchen gleichmäßig damit bestreichen und mit den Mandelstiften verzieren.

FÜR 1 SPRINGFORM VON 20 CM Ø

100 g gut gekühlte Zartbitter-Schokolade
75 g geschälte Mandeln
150 g zimmerwarme Butter
150 g feiner Zucker
2 Eier
3 Eigelbe
75 g Mehl
2 EL sehr starker kalter Mokka
2 TL Backpulver
Fett und Mehl für die Form

Für die Glasur:
100 g Halbbitter-Kuvertüre
30 g Mandelstifte

Gugelhupf

Sein **Aussehen** soll der Gugelhupf von einem römischen Backmodel erhalten haben, das eine sich drehende **Sonne symbolisiert.** Doch wie der merkwürdige Name zustande kam, ist nicht klar. Die Wienerin Emma Eckhardt meint in ihrem »**Küchen- deutsch**« von 1876: »Gugelhupf d. h. Kugelhippe, Napfkuchen, wegen der Backform so genannt, die dem Tuche, das sich die Bäuerinnen um den Kopf gebunden haben und Gugl heißt, gleicht.« Noch heute wird in einigen Gegenden das im Nacken gebundene **Kopf- tuch** »Gugel« genannt.

ZUBEREITUNGSZEIT: ETWA 20 MINUTEN
BACKZEIT: 60–70 MINUTEN

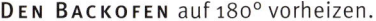

DEN BACKOFEN auf 180° vorheizen.

DIE BUTTER IN einer Schüssel mit dem Zucker sehr schaumig rühren. Die Eier trennen. Die Eigelbe mit der Zitronenschale zur Butter geben und so lange weiter rühren, bis eine weißschaumige Creme entstanden ist. Die Rosinen und die Mandelstifte einrühren.

DIE EIWEISSE ZU steifem Schnee schlagen, vorsichtig mit einem Rühr- löffel unter die Mischung heben. Das Mehl mit dem Backpulver darüber sieben und unterheben.

EINE GUGELHUPFFORM fetten und mit Mehl ausstreuen. Den Teig ein- füllen und den Kuchen im Backofen (Mitte, Umluft 160°) 60–70 Minuten backen. Für die Garprobe ein Holzstäbchen in die Kuchenmitte einste- chen. Wenn es sich sauber herausziehen lässt, ist der Kuchen gar. Den Gugelhupf kurz in der Form ruhen lassen, dann auf ein Kuchengitter stürzen und abkühlen lassen. Mit Puderzucker bestäuben.

FÜR 1 GUGELHUPFFORM

170 g zimmerwarme Butter
140 g Zucker
4 Eier
abgeriebene Schale von
  1 unbehandelten Zitrone
40 g ungeschwefelte
  Rosinen
40 g Mandelstifte
280 g Mehl
1 Päckchen Backpulver
Für die Form: Fett und
  Mehl
Zum Bestreuen: Puder-
  zucker

Espresso & Co, Kultur und Bars

DIE **PERFEKTESTE** ALLER KAFFEEZUBEREITUNGEN IST FÜR MICH DER **ESPRESSO,** IN ITALIEN EINFACH »CAFFÈ« GENANNT. DER KÖNIG DER KAFFEES, **HIMMLISCH DUFTEND** UND **HÖLLISCH HEISS,** UMWERFEND WÜRZIG UND BELEBEND STARK. EIN VERFÜHRERISCHER GENUSS FÜR DIE ZEIT DES SÜSSEN NICHTSTUNS, DES »DOLCE

far niente« auf Italienisch. Doch ist der »Espresso«, der Schnelle, auch die Basis vieler anderer Kaffeegetränke. Sei es »Macchiato«, »Cappuccino« oder »Coretto« (die Liste könnte fast endlos fortgeführt werden), stets mischt ein Espresso mit.

Die Zubereitung eines echten, eines perfekten Espresso ist ein Ritual, in dem sich die über 300-jährige Erfahrung Italiens im Umgang mit den Kaffeebohnen widerspiegelt. Mit ordinärem Kaffeekochen hat das, was ein Könner mit seiner chromblitzenden »macchina« zaubert, recht wenig zu tun. Die Definition eines gelungenen Espresso hört sich sehr technisch an: durch sechs bis sieben Gramm fein gemahlenes Kaffeepulver pro Tasse wird mit einem Druck von neun bis zehn Bar etwa 90° heißes Wasser gepresst. Dieser Vorgang darf bei einer Barmaschine höchstens 30 Sekunden dauern, sodass nur die wohlschmeckenden Aromastoffe aus dem Kaffeepulver gelöst werden und sich ein gut drei Millimeter dickes, festes Schaumhäubchen, die »crema«, bildet.

Viel Tüftelei war nötig, bis Anfang der 60er-Jahre im Zeitalter der Mondflüge die italienische Firma Faema ein kleines Weltwunder vorstellte: die Faema E 61, eine Gastronomiemaschine, die anfangs noch mit Gas, später dann mit Strom beheizt wurde. Sie war leicht zu bedienen, Wärmetauscher sorgten für eine gleichmäßige

Wassertemperatur und mit einer Pumpe wurde der notwendige Druck erzeugt. Außerdem lieferten diese Maschinen noch heißes Wasser und sogar Dampf zum Erhitzen und Aufschäumen von Milch – wodurch erst die Herstellung von Cappuccino möglich wurde. Fast alle Profi-Maschinen, die heute gebaut werden, basieren auf diesem Prinzip.

Doch auch ohne chromblitzende Profimaschine lässt sich zu Hause guter Espresso herstellen. Unkompliziert und preiswert sind die klassischen Schraubkannen für den Herd. Allerdings fehlt einem so zubereiteten Espresso die »crema«, der appetitliche feste Schaum auf der Oberfläche.

Doch Kaffeemaschinenhersteller und große Röstereien bieten ständig neue Maschinen und Methoden für den kleineren und größeren Bedarf an, mit denen sich schon recht originaler »caffè« herstellen lässt. Es gibt viele Sorten speziell gerösteten und gemahlenen Espressokaffees, sogar portionsweise verpackt als Tabletten, mit denen der Kaffee oft besser schmeckt als ein lieblos zubereiteter aus einer Profimaschine.

Besessene Perfektionisten haben aus der Espressokultur eine Wissenschaft gemacht und die vier »M«, die über die Qualität des fertigen Getränks entscheiden, intensiv untersucht: Mischung, Mühle, Maschine und Mensch.

Die Mischung: Für Espressokaffee werden (fast) ausschließlich Arabica-Sorten verwendet. Die richtige Zusammenstellung von Kaffeebohnen aus verschiedenen Anbauregionen ist eine Kunst, mit der man gleichbleibende Qualität und den typischen Geschmack erzielt. Mischung und der Röstprozess bestimmen das Aroma und den harmonischen Geschmack, wobei jeder Hersteller seiner Mischung einen unverwechselbaren Charakter zu verleihen sucht. Neben der Zu-

sammenstellung der Sorten gelingt ihm das durch den Röstprozess, der erst das Aroma in den Bohnen entwickelt. Für Espresso wird der Kaffee stärker geröstet als für Filterkaffee, doch gibt es hier auch regionale Unterschiede: In südlichen Ländern wird eine dunklere Röstung bevorzugt, in nördlichen dagegen eine eher hellere. So kann es durchaus sein, dass die selbe Kaffeemarke in Italien anders schmeckt als bei uns.

Die Mühle: Gemahlene Kaffeebohnen verlieren in recht kurzer Zeit ihr Aroma und damit auch einen Teil ihres Geschmacks. Deshalb sollte es selbstverständlich sein, für einen Espresso die Bohnen erst unmittelbar vor der Zubereitung zu mahlen. Idealerweise werden die Kaffeebohnen für Espresso so zerkleinert, dass eine Mischung aus feinem Kaffeemehl und gröberen Teilchen von etwa 1 mm entsteht. Ob der Mahlgrad richtig ist, erkennt man an der Zeit, die das Wasser zum Durchfließen benötigt: Bei einer großen Barmaschine soll das in 30 Sekunden geschehen, bei einer kleinen Haushaltsmaschine in 15–20 Sekunden bei einer Kaffeepulvermenge von sechs bis sieben Gramm pro Tasse. Diese Durchlaufzeiten gelten wohlbemerkt nur für Espressomaschinen, die mit Druck arbeiten. Wird der Kaffee (das gilt nun für alle Zubereitungsarten) zu fein gemahlen, dauert es zu lange, bis das Wasser durchgeflossen ist und der Kaffee schmeckt streng und bitter. Bei zu grober Körnung ist die Kontaktzeit des Wassers mit dem Pulver zu kurz, es werden zu wenig Aroma- und Geschmacksstoffe ausgenutzt und der Kaffee schmeckt dünn und leer.

Die Maschine: Obwohl die professionellen Maschinen fast automatisch arbeiten, müssen doch Temperatur und durchlaufende Wassermenge per Hand reguliert werden. Espressospezialisten machen das täglich. Wichtig ist auch, alle Teile zu reinigen, die mit Kaffee in Berührung kommen. Kaffee enthält viele Öle, die nach kurzer Zeit ranzig werden und den Geschmack beeinträchtigen. Genau so wichtig wie Technik und Pflege ist das Wasser. Das ideale Kaffeewasser ist mineralstoffreich (aber nicht zu kalkhaltig, sonst gibt es Ablagerungen in der Maschine) und frisch. Hartes, vielleicht sogar gechlortes Leitungswasser ist ungeeignet, die feinen Aromastoffe aus dem Kaffee zu lösen. Für Haushaltsgeräte eignet sich dann kalziumarmes stilles Mineralwasser.

Der Mensch: Er ist das wichtigste Glied in dieser Kette und wer einen Italiener dabei beobachtet, wie er mit seiner »macchina« geschickt und liebevoll umgeht, weiß, wie wichtig das ist. Er regelt den Mahlgrad seiner Mühle, er stellt Wassertemperatur und Druck ein, er hat die richtige Menge Kaffeepulver im Griff und zaubert in eben jenen 30 Sekunden einen perfekten »caffè«. Er wird nie hektisch, sondern immer bei der Sache sein und seine Maschine wird stets blitzen und funkeln.

Für die Pause

Cappuccino: Über diesen Milchkaffee mit schaumigem Häubchen wird viel diskutiert. Nach dem Essen? Nie! Da ist der Magen schon voll, die Milch sättigt noch zusätzlich, das ist keine Hilfe für die Verdauung. Vor dem Essen als Aperitif? Undenkbar, die Kombination aus Espresso, Milch und Zucker tötet jeden Geschmackssinn. Wann trinkt man also Cappuccino?

In Italien ist er das beliebteste Frühstücksgetränk, wird aber auch gern zwischendurch zu einem süßen Gebäck genossen. Seinen Namen erhielt dieser Kaffee von der Kapuze, dem »cappuccio«, des Ordenshabits der Kapuzinermönche. Ihre braunen Kutten erinnern in der Farbe an das beliebte Getränk, das übersetzt »kleiner Kapuziner« heißt.

Wenn Sie selbst Cappuccino bereiten, nehmen Sie am besten homogenisierte, fettarme kalte Milch (Vollmilch überdeckt zu sehr den Kaffeegeschmack). Die benötigte Milchmenge wird in einen hitzefesten Becher gefüllt und die Dampfdüse der Maschine in die Milch getaucht, dann langsam der Dampfhahn geöffnet. Es ist wichtig, durch vorsichtiges Auf- und Abbewegen des Bechers die richtige Position zu finden, damit der Schaum viele kleine Blasen hat und nicht so schnell zusammenfällt. Das muss man ausprobieren. Die Milch darf auf keinen Fall kochen, sie sollte nur gut durchgewärmt und etwa 60° heiß sein. Eine Portion Espresso wird in einer großen Tasse mit der gleichen Menge heißer Milch aufgefüllt. Beim zügigen Aufgießen vermischen sich Milch und Kaffee innig, sodass eine gleichmäßig braune Farbe entsteht, gekrönt von einem kleinen Schaumhäubchen (das oft mit etwas Kakaopulver überstäubt wird).

Wer keine Espressomaschine mit Dampfdüse hat, kann sich mit einem Milchaufschäumer behelfen: In ein Kännchen wird heiße H-Milch gegossen und mit einem Mischwerk stampfend in Schaum verwandelt. Das funktioniert, schmeckt und macht Eindruck.

Latte Macchiato: Im Gegensatz zum Cappuccino besteht der »Latte macchiato« – übersetzt »gefleckte Milch« – vorwiegend aus heißer Milch, die mit etwas Espresso aromatisiert wird. Wie beim Cappuccino gilt: weder vor noch nach dem Essen trinken, sondern vormittags als Frühstücks- oder zwischendurch als Pausengetränk. Er ist der ideale Begleiter für alle Arten von Toast, Panini oder Tramezzini.

Häufig wird Latte Macchiato mit Milchkaffee oder dem französischen Café au lait verwechselt, aber es gibt zwei große Unterschiede. Erstens wird Latte Macchiato mit Espresso zubereitet, Milchkaffee und Café au lait mit starkem Filterkaffee. Außerdem wird die italienische Spezialität in einem Glas serviert, das nicht mehr als $1/4$ l fasst. Die Milch darf nicht kochend heiß sein und es soll sich nur wenig Schaum bilden. Die heiße Milch kommt ins Glas und dann wird der frisch zubereitete Espresso vorsichtig zugegossen, damit sich ein schönes Farbenspiel von hell und dunkelbraun ergibt. Bitte beachten: In dem Glas hat ein Strohhalm nichts verloren! Für Milchkaffee und Café au lait werden starker Kaffee und erhitzte Milch gleichzeitig in große Tassen gegossen, sodass der fertige Kaffee gleichmäßig gefärbt ist.

Espresso Shakerato

Es ist schon schwierig genug, einen guten heißen Espresso zuzubereiten. Noch schwieriger aber ist es, einen kalten Espresso herzustellen. Er benötigt ordentlich Zucker, damit er seine Kraft richtig entfalten kann.

ZUBEREITUNGSZEIT: ETWA 10 MINUTEN

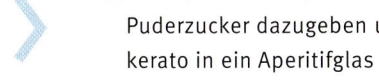

EINEN SHAKER mit Eiswürfeln füllen und den Espresso darüber gießen. Puderzucker dazugeben und alles kräftig schütteln. Den Espresso Shakerato in ein Aperitifglas seihen.

VARIANTEN

ESPRESSO SHAKERATO ist eine wunderbare Erfrischung. Mit 1 Streifen Orangenschale oder ein wenig Kaffeelikör können Sie ohne großen Aufwand köstliche Varianten dieses Eiskaffees zaubern.

Espresso-Eis

ZUBEREITUNGSZEIT: ETWA 20 MINUTEN
GEFRIERZEIT: ETWA 4 STUNDEN

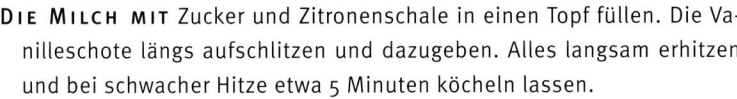

DIE MILCH MIT Zucker und Zitronenschale in einen Topf füllen. Die Vanilleschote längs aufschlitzen und dazugeben. Alles langsam erhitzen und bei schwacher Hitze etwa 5 Minuten köcheln lassen.

DEN KAFFEE UND den Rum dazugeben, den Topf vom Herd nehmen und die Mischung abkühlen lassen. Durch ein Sieb in eine flache Schüssel gießen und ins Gefrierfach stellen.

ETWA ALLE 30 MINUTEN die Schüssel herausnehmen und die Masse mit einer Gabel oder mit einem Schneebesen kräftig durchrühren. Nach etwa 4 Stunden ist eine feste Eiscreme entstanden. Mit einem Esslöffel in Gläser oder Dessertschalen portionieren und servieren.

FÜR 1 GLAS

1 Tasse fertiger, heißer Espresso
2 TL Puderzucker
Eiswürfel

TIPP

Wenn Sie keinen Shaker haben, lässt sich der Shakerato auch im Mixaufsatz der Küchenmaschine zubereiten. Nehmen Sie aber dann weniger Eis, sonst wird ein »Café Frappé« daraus.

FÜR 6 PERSONEN

400 ml Milch
3 EL Zucker
Schale von einer unbehandelten Zitrone
1 Vanilleschote
400 ml frisch gebrühter starker Kaffee
3 cl brauner Rum

Schoko-Espresso-Bohnen

In **vielen Ländern** stehen Desserts am Schluss jedes festlichen Mahles und es wird **viel Sorgfalt** darauf verwendet, ein besonders gelungenes Ergebnis zu präsentieren, um auch die sattesten Gäste noch zum Zugreifen zu verführen.

Die Süßspeisen **krönen** letztlich das Menü, sie sind der abschließende Gang vor dem Kaffee und bleiben daher den Gästen besonders in Erinnerung. Nie falsch liegt man mit den Kleinigkeiten, die zum Kaffee serviert werden, wie den **Schoko-Espresso-Bohnen**, die zum Kaffeeklatsch oder einfach so schmecken. Gerne reicht man auch Cantuccini (Mandelgebäck) mit dem Vin Santo aus San Gimignano.

TIPP

Sie können das Überziehen mit Schokolade beliebig oft wiederholen, dabei aber darauf achten, dass der vorherige Überzug nicht wieder schmilzt.

ZUBEREITUNGSZEIT: ETWA 30 MINUTEN
KÜHLZEIT: ETWA 2 STUNDEN

DIE WEISSE SCHOKOLADE zerbröckeln und über dem heißen Wasserbad erwärmen, bis sie leicht flüssig ist.

DIE KAFFEEBOHNEN mit einer Gabel vorsichtig in die Schokolade rühren, herausheben und mit Abstand auf Backpapier legen. Abkühlen lassen.

WENN DIE SCHOKOLADE ziemlich erstarrt ist, die Schokolade um den Bohnen zu kleinen Kugeln formen. In den Kühlschrank stellen, bis die Schokoladenhülle ganz fest ist.

DIE VOLLMILCHSCHOKOLADE zerbröckeln, über dem heißen Wasserbad schmelzen, die Kaffeebohnen erneut überziehen und zu Kugeln formen. Die noch leicht warmen Kügelchen mit dem Kakaopulver überstäuben und abkühlen lassen.

FÜR 4 PERSONEN

50 g weiße Schokolade
50 geröstete ganze
  Kaffeebohnen
50 g Vollmilchschokolade
etwa 2 EL Kakaopulver
Backpapier

Caffè in forchetta
[KAFFEE AUF DER GABEL]

ZUBEREITUNGSZEIT: ETWA 20 MINUTEN
BACKZEIT: ETWA 1 STUNDE

> **DEN BACKOFEN** auf 180° vorheizen. Eine flache, ofenfeste quadratische Form von 23 cm Seitenlänge mit dem Mandelöl ausstreichen.

DIE EIER IN EINE SCHÜSSEL aufschlagen und mit dem Zucker schaumig rühren. Nach und nach die Milch und den Kaffee unterrühren. Die Eiercreme in die vorbereitete Form füllen.

DIE FORM in die Fettpfanne des Backofens stellen. Die Fettpfanne in den Ofen schieben, mit heißem Wasser füllen und die Eiercreme etwa 20 Minuten garen. Dann die Form mit Alufolie abdecken und die Creme noch etwa 40 Minuten backen, bis sie fest ist.

DIE CREME AUS DEM OFEN nehmen und in der Form etwas abkühlen lassen. Die Kaffeecreme am Rand mit einem spitzen Messer vorsichtig lösen und auf eine Platte stürzen. Das Dessert warm servieren.

FÜR 4 PERSONEN

1 EL Mandelöl (oder neutrales Öl)
4 Eier
4 EL Zucker
420 ml Milch
60 ml starker Kaffee

Tirami su
[MASCARPONECREME]

ZUBEREITUNGSZEIT: ETWA 30 MINUTEN
KÜHLZEIT: ETWA 5 STUNDEN

> **DIE EIGELBE MIT DEM ZUCKER** mit den Schneebesen des Handrührgeräts auf höchster Stufe schaumig schlagen. Löffelweise den Mascarpone unterheben, mit Zitronenschale würzen.

DEN ESPRESSO nach Belieben mit dem Weinbrand mischen. Die Hälfte der Löffelbiskuits kurz in den Espresso tauchen und auf dem Boden einer flachen Form auslegen. Die Hälfte der Mascarponecreme darüber streichen. Die übrigen Biskuits ebenfalls kurz in den Espresso tauchen, einschichten und mit der restlichen Mascarponecreme bedecken.

DIE FORM 4–5 Stunden kühl stellen. Zum Servieren die Oberfläche des Tirami su mit Kakaopulver bestäuben.

FÜR 8 PERSONEN

4 ganz frische Eigelbe
4 EL Zucker
500 g Mascarpone (italienischer Doppelrahm-Frischkäse)
1 TL fein abgeriebene Zitronenschale
2 Tässchen kalter Espresso
4 EL Weinbrand nach Belieben
150 g Löffelbiskuits
2–3 EL ungesüßtes Kakaopulver

Panforte di Siena
[G E W Ü R Z K U C H E N]

Ursprünglich ein Weihnachtsgebäck, wird er heute das ganze Jahr über in den Restaurants und Trattorien von Siena und Umgebung als Dessert serviert.

ZUBEREITUNGSZEIT: ETWA 45 MINUTEN
BACKZEIT: ETWA 30 MINUTEN

> DIE NÜSSE in einer trockenen Pfanne unter Rühren leicht anrösten. Abkühlen lassen und im Blitzhacker grob zerkleinern.

ORANGEAT, ZITRONAT UND kandierte Kirschen mit den getrockneten Feigen klein würfeln, mit den gehackten Nüssen und den Gewürzen vermischen. Den Backofen auf 150° vorheizen. Die Form gut fetten und mit Mehl ausstreuen.

PUDERZUCKER MIT HONIG in einem Topf bei schwacher Hitze unter Rühren erwärmen, bis die Mischung Fäden zieht. Vom Herd nehmen, das Mehl und die Nussmischung unterrühren.

DEN TEIG in die Form füllen und die Oberfläche glatt streichen. Im Backofen (Mitte, Umluft 140°) etwa 30 Minuten backen. Den Kuchen kurz ruhen lassen und auf einem Kuchengitter ganz abkühlen lassen. Mit Puderzucker bestäuben und in kleine Stücke schneiden.

FÜR 1 BESCHICHTETE SPRINGFORM VON 24 – 28 CM Ø

- je 100 g geschälte Mandeln, Haselnuss- und Walnusskerne
- je 50 g Orangeat, Zitronat und kandierte Kirschen
- 150 g getrocknete Feigen
- $1/2$ TL Zimtpulver
- je 1 Msp. gemahlene Nelken, Ingwer- und Korianderpulver
- 1 Prise Muskatnuss, frisch gerieben
- 150 g Puderzucker
- 100 g Honig
- 2 EL Mehl
- Fett und Mehl für die Form
- Puderzucker zum Bestreuen

Schokoladenkekse

ZUBEREITUNGSZEIT: ETWA 45 MINUTEN

> DIE SCHOKOLADE HACKEN. Ein Backblech mit Backpapier auslegen. Den Backofen auf 190° vorheizen.

BUTTER, ZUCKER UND Vanillearoma in eine Schüssel geben und cremig rühren. Das Ei unter die Mischung quirlen, dann Mehl, Backpulver, gehackte Schokolade, Kokosflocken und Zitronenschale unterrühren.

DIE MASSE ZU kleinen Kugeln formen, leicht flach drücken und auf das Backblech legen. Im Backofen (Mitte, Umluft 170°) etwa 15 Minuten backen. Die Kekse auf einem Kuchengitter abkühlen lassen, mit Kakaopulver bestreuen. Zu heißem Kaffee servieren.

FÜR 4 PERSONEN

- 250 g Vollmilch-Schokolade
- 125 g weiche Butter
- 200 g Zucker
- 1 TL Vanillearoma
- 1 Ei
- 350 g Mehl
- 1 TL Backpulver
- 100 g Kokosflocken
- 1 TL abgeriebene Zitronenschale
- Backpapier für das Blech
- Kakaopulver zum Bestreuen

In jeder Espressobar und in fast allen **Kaffeebars** gibt es den ganzen Tag über etwas zu essen. Neben süßem Gebäck sind das vor allem Toast, Panini und Sandwiches, auf italienisch »**tramezzini**«.

TIPPS

Der Fantasie sind beim Füllen keine Grenzen gesetzt.
Tramezzini kann man auch im Kontaktgrill rösten.

Tramezzini mit Ei und Sardellen

ZUBEREITUNGSZEIT: ETWA 15 MINUTEN

DIE BROTSCHEIBEN DICK mit Mayonnaise bestreichen. Die Eier in dünne Scheiben schneiden, mit der Hälfte davon 4 Brotscheiben belegen. Achten Sie darauf, dass dabei auf zwei gegenüberliegenden Seiten jeweils ein etwa daumenbreiter Rand frei bleibt. Über die Eischeiben die abgespülten Sardellenfilets verteilen, mit den übrigen Eischeiben belegen.

MIT DEN RESTLICHEN Brotscheiben bedecken und dabei die frei gelassenen Ränder fest aufeinander drücken, damit sich die Brotscheiben über der Füllung wölben. Die Ränder gerade schneiden, die Sandwiches diagonal halbieren und servieren.

FÜR 4 PERSONEN

8 Scheiben Kastenweißbrot
120 g Mayonnaise
4 hartgekochte Eier
8 Sardellenfilets

Panini

ZUBEREITUNGSZEIT: ETWA 30 MINUTEN

DIE ZUCCHINI WASCHEN, putzen und in Scheiben schneiden. In einer Pfanne etwas Olivenöl erhitzen und die Zucchinischeiben leicht anbraten. Aus der Pfanne heben.

DIE TOMATEN WASCHEN und ohne Stielansätze in Scheiben schneiden. Mozzarella abtropfen lassen und in Scheiben schneiden.

DIE PANINI LÄNGS HALBIEREN. Die unteren Hälften abwechselnd mit Zucchini, Tomaten und Mozzarella belegen, mit Salz und Pfeffer würzen und mit etwas Olivenöl beträufeln. Mit Rucolablättchen garnieren. Die Brötchendeckel auflegen und die Panini zur Hälfte in Papierservietten wickeln.

FÜR 4 PERSONEN

1—2 Zucchini
Olivenöl zum Braten und Beträufeln
2 reife Tomaten (am besten Fleischtomaten)
2—3 Kugeln Mozzarella
4 Panini (Baguette-Brötchen)
Salz, Pfeffer
Rucolablättchen zum Garnieren

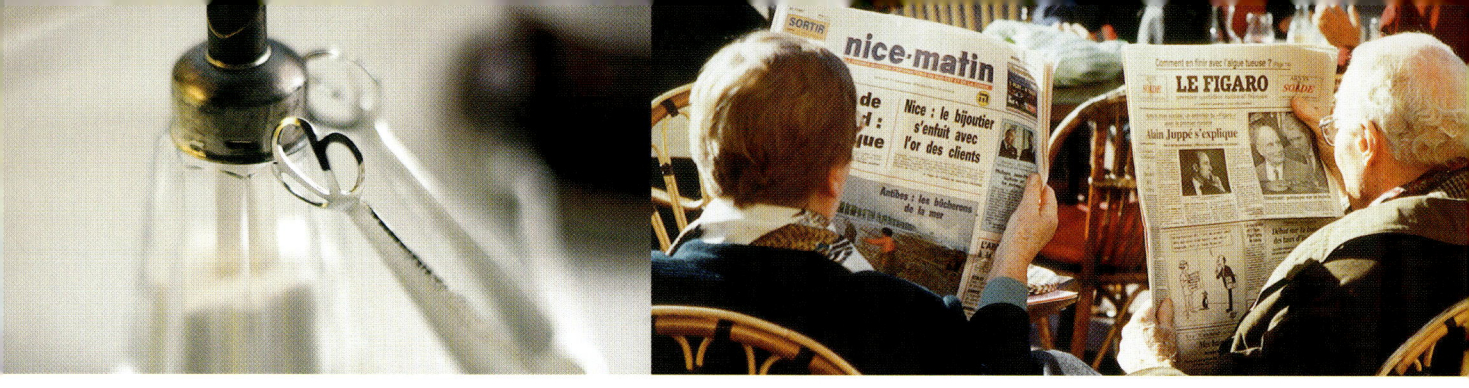

Französische Verführung

MACHEN SIE NIE DEN FEHLER WIE ICH, IN FRANKREICH ZUM FRÜHSTÜCK EINEN »SCHWARZEN« KAFFEE ZU BESTELLEN. ER IST EINFACH UNGENIESSBAR. FRANZOSEN BEGINNEN DEN TAG MIT EINER GROSSEN TASSE MILCHKAFFEE, WOBEI DIE TASSE FAST SO GROSS WIE EINE SUPPENTERRINE IST UND MEIST NICHT EINMAL EINEN HENKEL HAT. EIN SOLCHER würde sowieso nicht viel nützen, denn eine gefüllte Schale lässt sich eigentlich nur mit beiden Händen halten. Und der Milchkaffee besteht halb aus Kaffee, halb aus heißer Milch.

Dazu wird nur etwas frisches Baguette mit Butter und Konfitüre oder ein Croissant gegessen. So bleibt der Kopf frei für die wichtigen Dinge des Vormittags und bis Mittag ist der Appetit so gewachsen, dass ein ausgiebiges Essen an der Reihe ist, das selbstverständlich wieder mit Kaffee beendet wird. Diesmal aber klein, schwarz und stark. So wird er auch in den Cafés und Bars serviert, die immer gut für eine kleine Pause sind und die außer süßen Leckereien auch »Sandwich«, ein halbes Baguette mit Schinken oder Wurst anbieten. Noch immer gibt es in Paris, das bereits im Jahr 1690 über 200 Kaffeehäuser hatte, die kleinen Cafés ums Eck, wo sich die Nachbarn zum Austausch von Neuigkeiten treffen und außer Kaffee auch gern einen »ballon rouge«, einen kleinen Rotwein trinken. So ist es nicht verwunderlich, dass früher Pariser Cafés als Geburtsstätten revolutionärer Ideen galten.

Die klassische französische Zubereitungsart für den Kaffee ist die Stabfilterkannen- oder Pressomethode. Die speziellen Glaskannen mit einem Siebkolben gibt es bei uns in allen Haushaltsgeschäften. Aber nicht nur die spezielle Zubereitungsart, sondern vor allem Kaffeesorte, Röstung und Mahlgrad bestimmen den Geschmack des typisch französischen Kaffees. Vor allem die aroma-

tischen Arabicasorten aus dem Hochland von Costa Rica sind gefragt, die einen kräftigen Geschmack und einen hohen Säuregrad aufweisen. Sie werden extra lange geröstet, damit sich möglichst intensive Aromastoffe bilden, die dem Kaffee eine leicht rauchige Note geben. Außerdem müssen für die französische Aufgussmethode die Kaffeebohnen grob gemahlen werden. Für den herbbitteren Frühstücks-Café-au-lait wird auch gerne etwas geröstete Zichorie zugesetzt, die den Kaffee noch herber und würziger macht und ihm vor allem die tiefschwarze Farbe verleiht, die in Kombination mit der Milch eine karamellbraune Mischung ergibt. So eine Schale Café au lait ist

an sich schon eine sättigende Sache. Dazu genügt den Franzosen ihr knuspriges Baguette, knapp armdick und fast einen Meter lang, das heute noch fast rund um die Uhr von vielen kleinen Bäckereien frisch aus dem Ofen verkauft wird. Denn Baguette ist nicht nur sättigend, es ist unwiderstehlich, wenn es frisch ist. Aber durch den hohen Krustenanteil verliert das Brot schon nach wenigen Stunden seine Knusprigkeit und ein weiches Baguette zum Frühstück – undenkbar!

Das zweite, wichtige Frühstücksgebäck sind die Croissants: Blätterteighörnchen, für die aber erst ein salziger Hefeteig mit Milch bereitet wird, der zu einem Rechteck ausgerollt, mit Butter dick bestrichen und dann mehrmals ausgerollt, gefaltet, gekühlt und wieder ausgerollt werden muss wie bei einem echten Blätterteig (bei uns werden aus diesem Teig die – allerdings süßen – Plunderhörnchen gebacken). Das ist so viel Aufwand, dass kaum jemand sie selbst herstellt, sondern die Arbeit lieber einem Bäcker überlässt. Die echten Croissants sind durch den Hefeteig dicker und sättigender als Hörnchen aus einfachem Blätterteig und schmecken am besten ganz frisch und warm.

Café au lait

[Milchkaffee]

Dass Kaffee mit gerösteter **Zichorie**, der Wurzel der Wegwarte, »**gestreckt**« wird, kommt aus der Zeit, als Kaffee ein teures Kolonialprodukt war und zusätzlich durch **staatliche Regulierungen** knapp gehalten wurde, damit nicht zu viele Devisen ins Ausland gingen. Die französische Bezeichnung für den Kaffeeersatz ist »**Mocca faux**« (falscher Mokka) – woraus unsere Bezeichnung »**Muckefuck**« entstand.

ZUBEREITUNGSZEIT: ETWA 10 MINUTEN

FRISCHES WASSER (gut $1/_2$ l) aufsetzen. Die Kaffeebohnen (am besten mit der Handmühle) ziemlich grob mahlen und in eine Glasfilterkanne geben. Nach Belieben die »Kaffeewürze« dazu bröckeln. Wenn das Wasser kocht, den Topf vom Herd nehmen und das Wasser einige Sekunden abkühlen lassen, bis es nicht mehr siedet.

DAS WASSER ÜBER das Kaffeepulver gießen und einmal umrühren. Den Deckel mit hochgezogener Filterscheibe aufsetzen und den Kaffee etwa 5 Minuten ziehen lassen.

DIE MILCH AUF etwa 60° erhitzen (sie soll gut heiß sein, darf aber nicht kochen). Nach 5 Minuten die Filterscheibe langsam bis auf den Boden der Kanne herunter drücken – nicht zu schnell, sonst wird zuviel Satz durch den Filter gedrückt. Die heiße Milch in eine Kanne füllen. Jetzt in eine Hand die Kaffeekanne, in die andere die Milchkanne nehmen und gleichzeitig etwa die gleiche Mengen Kaffee und Milch in große Tassen oder Kaffeeschalen gießen. Den Café au lait gleich servieren, damit er keine Milchhaut bekommt.

FÜR 4 GROSSE TASSEN

40 g stark geröstete Kaffeebohnen (siehe TIPP)
$1/_4$ Tablette »Kaffeewürze« (Zichorie) nach Belieben
$1/_2$ l Milch

TIPP

Achten Sie bei der Kaffeesorte darauf, dunkel geröstete Hochland-Arabicabohnen zu kaufen, also einen Mokkatyp. Und natürlich sollten die Bohnen erst kurz vorm Aufbrühen frisch gemahlen werden, weil gerade diese Sorten nach dem Mahlen rasch ihr rauchiges Aroma verlieren.

Brioche

[Warmer Hefekuchen]

Klassisch wird dieser gehaltvolle Hefeteig in den typischen **Briocheformen** mit gewelltem Rand gebacken, wobei ein Viertel des Teiges zu einer Kugel geformt und als »Kopf« aufgesetzt wird. Dieses Rezept ist eine **vereinfachte Version**, denn traditionell muss der Briocheteig etwa 12 Stunden gehen. Das Hefegebäck wird am besten noch warm gegessen, weil dann das Butteraroma am feinsten zur Geltung kommt.

ZUBEREITUNGSZEIT: ETWA 30 MINUTEN
RUHEZEITEN: MINDESTENS 1 STUNDE
BACKZEIT: ETWA 1 $^1/_4$ STUNDEN

DIE BUTTER ZERLASSEN und wieder abkühlen lassen.

DAS MEHL IN eine Schüssel sieben. Hefe und Zucker in der lauwarmen Milch auflösen und zum Mehl geben. 6 Eigelbe und das Salz unterrühren, zuletzt die noch flüssige Butter. Alles am besten mit einer Küchenmaschine bei hoher Drehzahl zu einem geschmeidigen Teig kneten. Den Teig zu einer Kugel formen, mit einem Tuch abdecken und an einem warmen Platz 30 Minuten bis 1 Stunde gehen lassen, bis sich sein Volumen verdoppelt hat.

DIE FORM GUT ausbuttern und mit Mehl ausstreuen. Den Teig auf der bemehlten Arbeitsfläche noch einmal kräftig durchkneten und zu einer dicken Rolle formen. In die Form legen und zugedeckt gehen lassen, bis sich das Volumen verdoppelt hat.

IN DIESER ZEIT die Rosinen in warmem Wasser einweichen. Den Backofen auf 200° vorheizen.

DIE ROSINEN abtropfen lassen, abtrocknen, über den Teig streuen und leicht eindrücken. Das übrige Eigelb verquirlen und die Teigoberfläche damit bestreichen. Den Kuchen im Backofen (Mitte, Umluft 200°) 10 – 15 Minuten backen, bis die Oberfläche gebräunt ist. Dann den Ofen auf 200° (Umluft 180°) zurückschalten, die Teigoberfläche mit Alufolie abdecken und den Kuchen noch etwa 1 Stunde backen. Brioche aus der Form auf ein Kuchengitter stürzen, kurz abkühlen lassen, in Scheiben schneiden und servieren.

FÜR 1 KASTENFORM
(ETWA 35 CM)

90 g Butter
400 g Mehl
30 g frische Hefe
20 g Zucker
190 ml lauwarme Milch
7 Eigelbe
knapp 1 TL Salz
$^1/_2$ Tasse Rosinen
Butter und Mehl für die
  Form
Mehl zum Arbeiten

Eclairs
mit Kaffee-Trüffelcreme

Eclairs, bei uns werden sie auch »Liebesknochen« genannt, gelten als **schwierig** – zu Unrecht. Das **Geheimnis** wird im Tipp verraten. Die Eclairs lassen sich gut am Tag vorher zubereiten, denn sie müssen zum Füllen vollständig abgekühlt sein.

ZUBEREITUNGSZEIT: ETWA 1 STUNDE
KÜHLZEIT: ETWA 5 STUNDEN

FÜR DIE TRÜFFELCREME die Schokolade raspeln und mit der Sahne in eine Kasserolle geben. Unter ständigem Rühren erhitzen, bis die Sahne im Topf zu steigen beginnt. Das Kaffeepulver unterrühren, den Topf vom Herd nehmen und die Kaffee-Schokosahne in eine Metallschüssel gießen. Am besten in Eiswasser stellen und so lange rühren, bis sie abgekühlt ist. In den Kühlschrank stellen und ganz erkalten lassen.

DIE CREME MIT dem Schneebesen schlagen, bis sie fest wie Schlagsahne wird. Die Kaffee-Trüffelcreme bis zum Füllen wieder kalt stellen.

FÜR DIE ECLAIRS die Butter mit Milch und 1 Prise Salz in einen Topf geben und aufkochen. Das Mehl auf einmal unter Rühren in die kochende Mischung schütten und den Teig unter kräftigem Rühren noch 1 – 2 Minuten erhitzen, bis er sich als Kloß vom Topfboden ablöst.

DEN TEIG IN eine Schüssel umfüllen. Sofort 1 Ei kräftig untermischen. Den Teig auf Handwärme abkühlen lassen. Nach und nach die weiteren Eier unterrühren (siehe Tipp). Wenn der Teig glänzt und schwer vom Löffel fällt, ist er richtig. Sonst noch das letzte Ei unterrühren.

DEN BACKOFEN AUF 220° vorheizen. Den Teig in einen Spritzbeutel mit Lochtülle füllen. Ein Backblech mit Backpapier auslegen. Etwa 4 cm lange Teigstäbchen mit Abstand auf das Backpapier spritzen.

DAS EIGELB MIT einigen Tropfen Wasser verquirlen und die Eclairs damit bestreichen. Im Backofen (Mitte, Umluft 200°) 15 – 20 Minuten backen, bis sie schön gebräunt sind.

DIE FERTIGEN ECLAIRS vom Blech nehmen und noch heiß mit einer Küchenschere quer aufschneiden, vollständig auskühlen lassen.

ZUM SERVIEREN die Kaffee-Trüffelcreme in einen Spritzbeutel mit Sterntülle füllen und in die Eclairs spritzen. Die Teigdeckel aufsetzen.

FÜR 4 PERSONEN

Für die Trüffelcreme:
60 g Schokolade
150 g Sahne
1 EL Instant-Kaffeepulver

Für die Eclairs:
75 g Butter
$1/_4$ l Milch
Salz
150 g Mehl
3 – 4 kleine Eier (S)
1 Eigelb zum Bestreichen
Spritzbeutel
Backpapier für das Blech

TIPPS

Die Eier einzeln unter den Teig rühren, bis jeweils keine Eispuren mehr zu sehen sind. Wenn der Teig schließlich schön glänzt und schwer vom Rührlöffel fällt, ist er richtig. Und nie den Backofen zu früh öffnen, sonst fällt das luftige Gebäck zusammen.
Eine Glasur, passend zur Füllung, macht Eclairs perfekt.

Tarte Tatin

[Gestürzter Apfelkuchen]

Solche Kuchen mit **viel Obst** und **wenig Teig** werden in Frankreich gern als Dessert vor dem Kaffee gegessen. Die **Tarte Tatin** wurde erstmals von den beiden Schwestern Tatin an der Loire für die Ausflügler aus Paris gebacken, die diesen gestürzten Kuchen begeistert aufnahmen.

ZUBEREITUNGSZEIT: ETWA 1 $^1/_2$ STUNDEN
KÜHLZEIT: 1 STUNDE

FÜR DEN MÜRBETEIG das Mehl auf die Arbeitsfläche geben, mit Salz und dem Zucker vermischen. Die Butter in Stückchen darüber streuen und den Teig rasch mit den Händen zerbröseln. Das Eigelb und etwa 3 EL kaltes Wasser dazugeben und alles rasch zu einem glatten Teig verkneten. Den Teig zu einer Kugel formen, in Folie wickeln und mindestens 1 Stunde kühl stellen.

FÜR DIE FÜLLUNG die Äpfel schälen, vierteln und die Kerngehäuse ausschneiden. Ein hitzefeste Tarteform (siehe TIPP) mit etwas Butter ausstreichen und mit etwas Zucker ausstreuen. Die Apfelviertel mit der Rundung nach unten dicht nebeneinander in die Form legen, übrige Butter in Flöckchen und restlichen Zucker darüber verteilen.

DIE ÄPFEL AUF DEM Herd bei mittlerer Hitze 10–15 Minuten braten. Inzwischen den Backofen auf 200° vorheizen. Den Teig auf der bemehlten Arbeitsfläche in Größe der Tarteform ausrollen.

DIE TARTEFORM VOM Herd nehmen und den Teig über die Äpfel legen, am Rand (die Form ist heiß, vorsichtig!) andrücken. Im Backofen (Mitte, Umluft 180°) etwa 20 Minuten backen. Die fertige Tarte auf eine Platte stürzen und warm servieren.

SIE KÖNNEN die fertige Tarte mit erwärmter Aprikosenmarmelade bestreichen. Gehackte Pistazienkerne am Rand machen sich immer gut – wenn auch die Schwestern Tatin sie sicher nicht verwendet haben.

FÜR 4 PERSONEN

Für den Teig:
125 g Mehl
1 Prise Salz
20 g Zucker
75 g kalte Butter
1 Eigelb
Mehl zum Arbeiten

Für die Füllung:
1 $^1/_2$ kg säuerliche Äpfel
   (Boskop)
200 g Butter
300 g Zucker

TIPPS

Zum Backen benötigen Sie eine spezielle Tarteform aus Metall, die sich auf dem Herd erhitzen lässt.
Und nehmen Sie keine süßen, mehligen Äpfel, diese werden zu weich und beim Stürzen fließt der ganze Saft weg.

Mousse au café

[Kaffeecreme]

Das berühmteste französische Dessert ist sicher die **Mousse au chocolat**. Die klassische Mousse besteht aus geschmolzener dunkler **Schokolade**, die mit Eigelben und Butter vermischt und mit **Schlagsahne** gelockert wird. Daraus entstanden weniger fettlastige Varianten, bei denen Butter und Sahne durch festen **Eischnee** ersetzt wurden. Und mit der Zugabe von Kaffee statt Cognac wird aus der Schokoladen- die Kaffeecreme, die sich schließlich in eine erfrischende **Eiscreme** verwandelte.

ZUBEREITUNGSZEIT: ETWA 30 MINUTEN
GEFRIERZEIT: ETWA 4 STUNDEN

DIE EIER TRENNEN, die Eiweiße kühl stellen. Die Eigelbe in einer Schüssel mit dem Zucker verrühren und weißschaumig schlagen.

DIE SCHOKOLADE IN kleine Stücke brechen und mit dem Kaffee und 2 EL Wasser im heißen Wasserbad unter Rühren langsam schmelzen, dann ein wenig abkühlen lassen, sie darf nicht heiß sein.

DIE FLÜSSIGE SCHOKOLADE unter die Eigelbcreme rühren und nach und nach die Sahne zugießen.

DIE EIWEISSE ZU sehr festem Schnee schlagen. Zuerst nur ein wenig Eischnee zum Lockern unter die Schokoladen-Eigelb-Creme rühren, dann den restlichen Schnee vorsichtig unterheben. Die fertige Mousse in Dessertgläser portionieren und zugedeckt 3 – 4 Stunden im Tiefkühlgerät gefrieren lassen.

DIE MOUSSE RECHTZEITIG vor dem Servieren aus dem Gefriergerät nehmen, damit sie nicht zu fest gefroren ist. Nach Belieben mit Sahnetupfen garnieren.

FÜR 4 PERSONEN

3 ganz frische Eier
75 g Zucker
50 g Vollmilch-Schokolade
3 EL sehr starker Kaffee
125 g Sahne
nach Belieben: Schlagsahne zum Garnieren

TIPP

Statt Schokolade können Sie auch gute Konvertüre (mit mehr als 70% Kakao und Kakaobutter) nehmen, sie schmilzt besonders gut.

Coffeeshops:
Muffins & Bagels

WEIHNACHTEN IST DIE BESTE ZEIT, UM IN **NEW YORK** SEIN GELD AUSZU-GEBEN. DAS ERSTE MAL WAR ICH IM DEZEMBER 1993 DORT, GENOSS DIE FÜR DIE JAHRESZEIT SEHR MILDEN TAGE UND KONNTE DIE STADT ZU FUSS ER-OBERN. **MÜDE** VOM LAU-FEN, SCHAUEN UND STAU-NEN SUCHTE ICH NACH EINEM **RUHEPLATZ** UND **BESCHLOSS,** EINEN

Kaffee zu trinken. Ich entdeckte ein kleines Café in der Bleekerstreet, in dessen Schaufenster eine Reihe von Kaffeesäcken stand. Das lock-te mich an und mir ging die Seele auf, als ich den Laden betrat: Es roch herrlich und intensiv nach frisch geröstetem Kaffee. Im Gegensatz dazu wirkte der Mann hinter der Theke nicht gerade so, als ob er ein Meister der Kaffeezubereitung wäre. Nicht nur, dass er über und über mit Tattoos und Piercings geschmückt war, er sah auch aus, als ob er einen starken Kaffee weit nötiger hätte als ich. Doch ich war nun ein-mal drin und bestellte mutig einen Cappuccino und einen Blueberry-Muffin, ein Heidelbeerküchlein, das ich bisher noch nie gegessen hat-te. Die Verbindung von würzigem Kaffee und dem süßen Gebäck blieb mir als schönstes Geschmackserlebnis von New York in Erinnerung.

So gehören für mich immer, wenn ich New York besuche, Kaffee und Muffins zu einem festen Ritual bei der Ankunft. Sicher behaupten viele, dass sie in Amerika nie einen vernünftigen Kaffee getrunken hät-ten, was früher nicht ganz unbegründet war. Aber wenn Amerikaner et-was entdecken, dann entdecken sie es gründlich. So schossen in den letzten Jahren besonders in den Großstädten wie New York, San Fran-cisco und Chicago die Coffeeshops wie Pilze aus dem Boden. Doch de-ren Erfolg ließ auch Firmen aufhorchen, die bald die Shops als Ketten aufzogen, bei denen die Individualität, die die Pioniere auszeichnete,

auf der Strecke blieb. Wie bei den Hamburger-Ketten schmecken dort Kaffee und Muffins überall gleich, was gleich gut oder gleich schlecht bedeuten kann.

Trotzdem findet man sie noch, die kleinen Coffeeshops, in denen man entspannen und guten Kaffee trinken kann und wo die Muffins noch so schmecken, wie ich sie in Erinnerung habe.

Ich wundere mich nicht, dass nun auch bei uns Coffeeshops eröffnet werden. Schließlich ist für viele junge Leute »Kaffee und Kuchen« ein Synonym für ältere Kaffeetanten, »Latte Macchiato und ein Frischkäse-Bagel« klingt dagegen ganz hip.

Es ist noch gar nicht so lange her, da gab es in einem Café bei uns nur die Auswahl zwischen »Tasse oder Kännchen«. Kein Wunder, dass für Jugendliche der Kaffee das Image »langweilig« hatte. Erst mit italienischen Espressobars, nun mit amerikanischen Coffeeshops, ließ sich die Klientel der Kaffeetrinker verjüngen. Manche ehemaligen Lieblingscafés der Großmütter wurden von der jungen Café-Szene übernommen, neu gestaltet und zu ganztägigen Frühstückscafés gemacht. Für das junge Publikum mussten auch neue Kaffeetypen entdeckt oder entwickelt werden. Meist sind es spezielle Mischungen und Röstungen, die den Kaffees die besondere Note geben (manche Coffeeshops rösten sogar ihre Bohnen selbst). Aber auch die amerikanischen »flavoured coffees« erfreuen sich großer Beliebtheit. In den frisch gebrühten Kaffee kommt ein Schuss Vanille-, Karamell- oder Nussaroma, mit Zucker und Sahne schmeckt er dann wie flüssige Torte, hat aber viel weniger Kalorien. Ansonsten sind die italienischen Espresso-Varianten, aber auch koffeinfreie Kaffees mit Sojamilch besonders nach der Arbeit sehr beliebt, oft ersetzen sie auch das obligatorische Bierchen.

Statt Kuchen und Torten stehen jetzt Muffins, Cookies und Bagels hoch im Kurs. Muffins und Cookies, die kleinen Küchlein und Kekse, werden in Amerika zu allen Gelegenheiten gegessen, zum Frühstück oder als Snack, süß oder pikant. Und das Beste: Sie sind schnell zubereitet und gelingen jedem.

Bagles sind für den einen nur ein Brötchen mit Loch, für den anderen eine halbe Weltanschauung. Ursprünglich waren Bagels ein typisch jüdisches Gebäck und wurden zum Frühstück oder als Imbiss gegessen. Als zu Ende des 19. Jahrhunderts die ersten europäischen Juden nach Amerika auswanderten, eröffneten sie Bäckereien, in denen sie neben Hefegebäck, Strudel und Brot auch Bagels verkauften. Das traditionelle Frühstück jüdischer Geschäftsleute in New York besteht seitdem aus Bagels, Lachs und Frischkäse.

Der Original-Bagel wird aus Hartweizenmehl gebacken und vorher kurz in kochendem Wasser überbrüht, damit der Teig beim Backen nicht austrocknet. So bekommt das Gebäck auch seine typische, leicht zähe Konsistenz. Die Amerikaner haben Eier zum Teig gegeben, wodurch die Bagels weicher und gehaltvoller werden. Und da Nicht-Juden sich über die koscheren Gesetze hinwegsetzen und »Milchernes« (Frischkäse oder Käse) mit »Fleischernem« (Wurst und Schinken) zusammen essen können, gibt es heute Bagels mit jeder denkbaren Sandwich-Füllung: klassisch mit Frischkäse, Lachs und gehackten Zwiebeln, modern mit Pastrami (gepökelter Ochsenbrust), Rucola oder Chicken Curry belegt.

Kaffee mit neuem Aroma: Natürlich kommt die Entwicklung aus Amerika. Nachdem die Coffeeshops der einstigen »schwarzen Brühe im Plastikbecher« eine neue Bedeutung gegeben hatten und plötzlich Espresso und Cappuccino angesagt waren, dauerte es nicht lange, bis »flavoured coffees« auf den Kaffeekarten auftauchten.

Sirupsorten mit Vanille-, Mandel- oder Haselnuss-, mit Ananas-, Amaretto-, Karamell-, Minze-, Orangenblüten- oder Schokoaroma geben dem Kaffee einen neuen Kick. Ein Spritzer davon in den heißen Kaffee und schon schmeckt er wie Konfekt. Die Aromawelle schwappt mit den Coffeeshops auch zu uns und findet vor allem bei Jüngeren Anklang, die bisher eine Tasse Kaffee eher langweilig fanden.

Dabei ist das »Dessert aus der Tasse« gar keine neue Erfindung der Aromaindustrie. Schon lange kochen die Mexikaner ihren Kaffee mit Gewürzen wie Zimt und Nelken; für ihren Negrita mischen sie noch Kakao dazu und servieren ihn mit Schlagsahne. In arabischen Ländern wird der Mokka oft mit Kardamom aromatisiert und schließlich sind die verschiedenen Varianten des Caffè coretto nichts anderes als eine aromatische Aufwertung des Espresso.

Wer keine aromatisierten Sirupe zur Hand hat oder keine künstlichen Geschmackszusätze mag, kann auch mit Vanilleschoten, unbehandelten Orangenschalen, Gewürzen oder kräftigen Likören einen »flavoured coffee« zubereiten.

FÜR 4 PERSONEN

1 Vanilleschote
5 EL grob gemahlener
Kaffee
weißer oder brauner
Zucker nach Belieben

Kaffee Vanille

Da die Vanilleschoten nicht so schnell ihr Aroma abgeben, wird hier der Kaffee nach der klassischen Aufbrühmethode zubereitet.

ZUBEREITUNGSZEIT: ETWA 15 MINUTEN

ETWA 600 ML WASSER zum Kochen aufsetzen. Die Vanilleschote längs aufschlitzen. Eine Kaffeekanne zum Vorwärmen mit heißem Wasser ausspülen, die Vanilleschote und das Kaffeepulver in die Kanne geben.

DAS KOCHENDE WASSER vom Herd nehmen und 10 Sekunden abkühlen lassen, dann in die Kanne gießen. Einmal umrühren, den Deckel auflegen und den Kaffee etwa 5 Minuten ziehen lassen. Den aromatisierten Kaffee durch ein feines Sieb in die Tassen gießen. Zucker extra dazu reichen.

Café de olla
[MEXIKANISCHER GEWÜRZKAFFEE]

In ganz Mexiko liebt man diesen aromatischen Kaffee, der in bauchigen Tontöpfchen (Olla) serviert wird.

ZUBEREITUNGSZEIT: ETWA 20 MINUTEN

> **DIE ZIMTSTANGE MIT** Nelken und Orangenschale in einen Topf geben, etwa 600 ml Wasser zugießen und aufkochen. Zugedeckt etwa 10 Minuten köcheln lassen. Das Kaffeepulver und den Zucker einrühren, zweimal aufkochen lassen.

> **DEN TOPF VOM** Herd nehmen und den Kaffee etwa 5 Minuten ziehen lassen. Wenn sich der Kaffee gesetzt hat, durch ein feines Sieb in Tassen gießen und heiß servieren. Nach Belieben noch braunen Zucker extra dazu servieren.

Libanesischer Mokka

Er wird wie türkischer Kaffee zubereitet, aber mit Kardamom gewürzt und vor allem nach dem Essen serviert. Am aromatischsten ist der grüne süß-scharfe Kardamom, der braune Kardamom schmeckt derber. Da Kardamom sehr rasch sein Aroma verliert, sollte man die ungemahlenen Kapseln kaufen und erst kurz vor der Verwendung die schwarzen Samen auslösen.

ZUBEREITUNGSZEIT: ETWA 10 MINUTEN

> **DAS KAFFEEPULVER MIT** Zucker, Kardamom (nur die schwarzen Kernchen) und etwa 75 ml kaltem Wasser in ein Stieltöpfchen geben und langsam aufkochen, dabei umrühren, damit sich kein Schaum bildet.

> **DAS TÖPFCHEN VOM** Herd nehmen, wieder darauf stellen und noch einmal aufkochen. Das gleiche ein drittes Mal wiederholen. Den aromatisierten Kaffee in kleine Mokkatassen gießen, kochend heiß servieren.

Blueberry Muffins
[HEIDELBEER-KÜCHLEIN]

ZUBEREITUNGSZEIT: ETWA 25 MINUTEN
BACKZEIT: 20—25 MINUTEN

DEN BACKOFEN AUF 180° vorheizen. Papierförmchen in die Muffin-Form setzen (oder die Form fetten) oder je 2 ineinander auf ein Backblech setzen. Die frischen Heidelbeeren verlesen, waschen und gut abtropfen lassen.

DAS MEHL IN eine Schüssel sieben und mit Backpulver, Natron, Zucker und Zimt vermischen.

IN EINER ANDEREN Schüssel die saure Sahne mit Butter, Zitronenschale und Ei gut verrühren. Die Mischung zum Mehl gießen und mit einem Kochlöffel unterheben. Die Heidelbeeren darüber streuen und den Teig in die Förmchen löffeln (sie dürfen nur zu drei Vierteln gefüllt sein).

DIE MUFFINS IM Backofen (Mitte, Umluft 160°) 20 – 25 Minuten backen. Sie sind fertig, wenn an einem hineingesteckten Holzstäbchen kein Teig mehr kleben bleibt. Warm mit einem Cappuccino zum Frühstück oder als Snack am Vormittag servieren.

Schokoladen-Muffins

DEN BACKOFEN AUF 180° vorheizen. Die Muffin-Form fetten oder Papierförmchen hinein setzen. Die Schokolade klein hacken.

DIE BUTTER IN einem Topf bei schwacher Hitze zerlassen, wieder etwas abkühlen lassen. Die Milch und dann die Eier unterrühren.

DAS MEHL MIT dem Zucker, dem Backpulver und dem Kakao vermischen. Die Eiermilch unter die Mehlmischung rühren. Die Schokostücke unterheben.

DEN TEIG JEWEILS drei Viertel hoch in die Formen füllen. Im Backofen (Mitte, Umluft 160°) etwa 30 Minuten backen, bis die Muffins gebräunt sind (Garprobe mit einem Holzstäbchen machen).

KURZ IN DER Form ruhen lassen, dann vorsichtig herausheben und warm servieren.

FÜR 12 STÜCK

200 g Heidelbeeren
  (frisch oder tief-
  gefrorene, aufgetaut)
225 g Mehl
1 1/2 TL Backpulver
1/2 TL Natron
250 g feiner Zucker
1 TL Zimtpulver
250 g saure Sahne
60 g weiche Butter
2 TL abgeriebene
  Zitronenschale
1 Ei
Muffin-Form und/oder
  Papier-Backförmchen

TIPP

Wenn Sie weder Papier-Backförmchen noch eine Muffin-Form haben, können Sie sich mit gut gefetteten feuerfesten Tassen behelfen oder Tortellettförmchen, die Sie mit Backpapier »erhöhen« (dabei die Papierrollen mit Küchengarn zusammenbinden).

FÜR 12 STÜCK

50 g Zartbitter-
  Schokolade
100 g Butter
1/4 l Milch
2 Eier
300 g Mehl
75 g Zucker
2 TL Backpulver
1 TL Kakaopulver
Fett für die Muffin-Form

Brownies

ZUBEREITUNGSZEIT: ETWA 20 MINUTEN
+ AUSKÜHLZEIT
BACKZEIT: ETWA 30 MINUTEN

DIE FORM FETTEN und mit Mehl ausstreuen, die gehobelten Haselnüsse darüber verteilen. Den Backofen auf 180° vorheizen.

DIE BUTTER MIT der zerbröckelten Schokolade im Wasserbad bei schwacher Hitze unter Rühren schmelzen lassen.

EIER UND ZUCKER in einer Schüssel zu einer dicken, weißschaumigen Creme schlagen. Die Butter-Schokoladenmischung langsam unterheben. Das Mehl mit dem Backpulver in eine andere Schüssel sieben. Die Nüsse dazugeben, die Schokoladenmischung zugießen und unterheben. Den Teig in die Form gießen und im Backofen (Mitte, Umluft 160°) etwa 30 Minuten backen. Die Garprobe machen. Den Kuchen auf ein Gitter stürzen und vollständig auskühlen lassen. Zum Servieren in etwa 5 cm große Stücke schneiden. Dazu schmeckt ein Latte Macchiato.

FÜR 1 SPRINGFORM VON 26 CM Ø

150 g Butter
150 g Zartbitter-
  Schokolade
4 Eier
220 g Zucker
180 g Mehl
$1/_2$ TL Backpulver
170 g gehackte Haselnüsse
Mehl, Fett und gehobelte
  Haselnüsse für die Form

Peanut and Chocolate Cookies
[ERDNUSS-SCHOKOLADENPLÄTZCHEN]

ZUBEREITUNGSZEIT: ETWA 30 MINUTEN
BACKZEIT: ETWA 15 MINUTEN

DIE BUTTER MIT der Erdnusscreme glatt verrühren. Den weißen, den braunen und den Vanillezucker gut unterrühren. Das Ei dazugeben und alles schaumig rühren.

DAS MEHL MIT dem Backpulver über die Erdnusscreme sieben, gründlich unterrühren. Die Schokolade fein hacken und unterheben.

DEN BACKOFEN AUF 180° (Umluft 160°) vorheizen. Ein Backblech mit Backpapier auslegen. Esslöffelweise Teig mit großem Abstand auf das Backpapier setzen. Eine Gabel in Mehl tauchen und die Plätzchen kreuzweise leicht flach drücken, so dass ein Gittermuster entsteht.

DIE COOKIES IM Backofen (oben) 10–15 Minuten backen, bis sie leicht gebräunt sind. Abkühlen lassen. Restlichen Teig genauso verarbeiten.

FÜR ETWA 30 STÜCK

125 g weiche Butter
200 g Erdnusscreme mit
  Stückchen (Crunchy
  Peanutbutter)
125 g weißer Zucker
125 g brauner Rohrzucker
1 TL Vanillezucker
1 Ei
100 g Mehl
$1/_2$ TL Backpulver
75 g Zartbitter-
  Schokolade
Backpapier für das Blech
Mehl zum Arbeiten

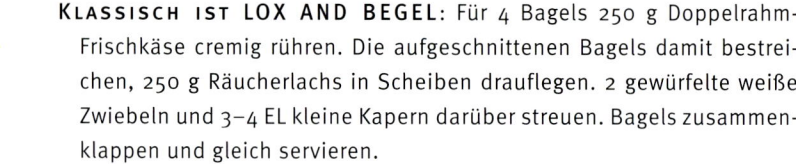

Grundrezept Bagels

BAGELS BELEGEN

Füllungen für Bagels füllen ganze Kochbücher, mit klassischen und immer neuen Rezepten. Experimentieren Sie aber einfach auch mal.

> **KLASSISCH IST LOX AND BEGEL:** Für 4 Bagels 250 g Doppelrahm-Frischkäse cremig rühren. Die aufgeschnittenen Bagels damit bestreichen, 250 g Räucherlachs in Scheiben drauflegen. 2 gewürfelte weiße Zwiebeln und 3–4 EL kleine Kapern darüber streuen. Bagels zusammenklappen und gleich servieren.

> **GANZ »NEW YORK«** sind auch **BAGELS WITH PASTRAMI:** Dafür 4 Bagels aufschneiden, mit Butter bestreichen. 250 g Pastrami (gepökelte Ochsenbrust) oder Roastbeef in dünnen Scheiben darauf legen, mit Delikatessgurken-Würfelchen bestreuen. Zusammenklappen, fertig!

ZUBEREITUNGSZEIT: ETWA 50 MINUTEN
RUHEZEITEN: 1 — 1 1/4 STUNDEN
BACKZEIT: 20 - 30 MINUTEN

DIE MILCH ERHITZEN und kurz vorm Siedepunkt vom Herd nehmen. Die Butter, Zucker und Salz dazugeben und rühren, bis die Butter geschmolzen ist. Die Mischung in eine Schüssel gießen und lauwarm abkühlen lassen. Die Hefe darin auflösen und ruhen lassen, bis sich Blasen bilden.

DAS EI IN die Hefemilch schlagen, nach und nach das Mehl dazugeben und alles zu einem glatten Teig verarbeiten. Den Teig zu einer Kugel formen, mit Öl bestreichen und mit Folie abgedeckt ruhen lassen, bis sich das Teigvolumen verdoppelt hat.

DEN GEGANGENEN TEIG in 30 gleich große Stücke teilen. Jedes Stück auf der bemehlten Arbeitsfläche zu einem fingerdicken, etwa 20 cm langen Strang mit spitz zulaufenden Enden rollen, zu einem Ring formen und die Enden fest aufeinander drücken. Mit etwas Mehl bestreuen und in etwa 10 Minuten deutlich aufgehen lassen.

DEN BACKOFEN AUF 200° vorheizen. Ein Backblech mit Backpapier auslegen. In einem großen Topf Wasser mit etwas Zucker aufkochen. Die Bagels nacheinander ins kochende Wasser geben und etwa 20 Sekunden überbrühen. Vorsichtig mit einem Schaumlöffel herausheben und auf das Backblech legen.

WENN ALLE BAGELS überbrüht sind, das Eigelb mit einigen Tropfen Wasser verquirlen und auf die Bagels streichen. Mit Sesam bestreuen und im Backofen (Mitte, Umluft 180°) in 20 – 30 Minuten knusprig braun backen. Am besten noch warm servieren.

FÜR 30 BAGELS

1/4 l Milch
60 g Butter
30 g feiner Zucker
1 Prise Salz
20 g frische Hefe
  (etwa 1/2 Würfel)
1 Ei
500 g Mehl
Öl zum Bestreichen
Mehl zum Arbeiten
Backpapier für das Blech
etwas Zucker für das
  Kochwasser
1 Eigelb
Sesamsamen zum Bestreuen

Wissen Sie, dass Sandwiches eine Erfindung des **Earl of Sandwich** sein sollen, der im 18. Jahrhundert lebte und ein leidenschaftlicher Spieler war? Um den Spieltisch nicht verlassen zu müssen, ließ er sich eine **ganze Mahlzeit** zwischen zwei Brotscheiben packen.

Club-Sandwich mit Hähnchen und Bacon

> **DAS HÄHNCHENFLEISCH** eventuell häuten, in Scheiben schneiden. Salatblätter waschen und gut abtropfen lassen. Tomaten waschen und ohne Stielansätze in Scheiben schneiden. Die Brotscheiben hell toasten, etwas abkühlen lassen.

EINE BESCHICHTETE PFANNE erhitzen und den Frühstücksspeck auf beiden Seiten knusprig braten. Die Speckscheiben aus dem Fett heben und auf Küchenpapier abtropfen lassen.

JE 1 BROTSCHEIBE mit Mayonnaise bestreichen und mit Hähnchenfleisch belegen, etwas Paprikapulver darüber streuen. Die Tomatenscheiben darauf verteilen und leicht mit Salz und Pfeffer würzen. Die Speckscheiben und die Salatblätter darauf legen und mit einer zweiten Brotscheibe abdecken. Halb in eine Papierserviette einpacken und gleich servieren.

FÜR 4 PERSONEN

400 g gebratenes kaltes Hähnchenfleisch
4 grüne Salatblätter
2 große Tomaten
8 Scheiben Kastenweißbrot oder Toastbrot
8 Scheiben Frühstücksspeck (Bacon)
4 EL Mayonnaise
Paprikapulver, edelsüß
Salz, schwarzer Pfeffer

Western Sandwich mit Oliven-Mayonnaise

> **OLIVEN, KAPERN UND** die Gurken abtropfen lassen und klein hacken. Mit der Mayonnaise mischen.

DEN FRISCHKÄSE MIT etwas Salz und Pfeffer cremig rühren.

4 SCHEIBEN WEISSBROT mit Frischkäse bestreichen, je eine Brotscheibe darauf legen und mit Oliven-Mayonnaise bestreichen. Mit einer dritten Brotscheibe abdecken und den Stapel vorsichtig andrücken. Die Rinde abschneiden und die Sandwiches diagonal halbieren.

FÜR 4 PERSONEN

60 g grüne entkernte Oliven
2 EL Kapern
4 kleine Delikatessgurken
125 g Salat-Mayonnaise
200 g Doppelrahm-Frischkäse
Salz, weißer Pfeffer
12 Scheiben Kastenweißbrot oder Toastbrot

Kaffee-Varianten

Die einfachste Form der Verbindung von Kaffee mit einer aromatischen Zutat ist der »Caffè coretto«, ein Espresso mit einem Schuss Alkohol. Aber aufgepasst, die Kombination von heißem Kaffee mit Schnaps deckt sofort alle Schwächen der Spirituose auf. In einer guten Espressobar wird man also für einen »Coretto« nur besten Brandy, Grappa, Sambucca oder andere hochprozentige Destillate nehmen. Neben der traditionellen Kombination mögen manche Experimentierfreudige auch einen Fernet Menta oder gar einen Ramazotti in ihrem Espresso. Ganz ausgefuchste Corettotrinker gießen den kaffeegetränkten kalten Zuckerrest in der Tasse noch mit einem weiteren Schuss Grappa oder Brandy auf – ein Genuss.

Viele wissen sicher nicht, dass wir nicht nur den Kaffee, sondern auch den Alkohol den Arabern zu verdanken haben. Während aber Mohammed später seinen Gläubigen dessen Genuss untersagt hat, wurde die Kombination von Kaffee und Spirituosen in europäischen Kaffeehäusern entdeckt und gepflegt. Eigentlich bilden beide ja ein Paar, das gegensätzlicher kaum denkbar ist: Der eine berauscht, der andere ernüchtert.

Nach klassischem Barrezept werden für die gängigen Kaffee-Schnaps-Heißgetränke die Spirituosen mit braunem Zucker erhitzt und dann mit heißem Kaffee aufgefüllt, alles gut verrührt und mit »whipped cream«, mit leicht geschlagener Sahne, aufgefüllt. Der Zucker ist wichtig, weil sonst die Sahne zu schnell in das Getränk einsinken würde.

Daneben gibt es aber auch kalte Kaffeedrinks mit Alkohol, die vor allem im Sommer sehr erfrischend sind. Doch gerade da kommt es darauf an, den Kaffee nicht mit Alkohol zu ertränken, sonst wird die Harmonie gestört. Gute Destillate sind Geschmacksträger und unterstreichen den Kaffeegeschmack, nimmt man aber zu viel davon, so wird das Kaffeearoma überdeckt. Also lieber die alte Regel »weniger ist mehr« beherzigen. Noch ein Tipp gegen Kater oder Katzenjammer: Ein Kaffee mit einem (kleinen) Schuss Cognac, Brandy oder Whiskey wirkt (fast) immer.

Eiskaffee

Ein guter Eiskaffee erfreut das Herz eines jeden im Sommer. Leider machen manche oft den Fehler, zu große Gläser zu verwenden. Es kommt weniger auf die Menge an als auf das Verhältnis von Kaffee zu Eiscreme.

ZUBEREITUNGSZEIT: ETWA 15 MINUTEN
ABKÜHLZEIT: ETWA 2 STUNDEN

DEN KAFFEE FRISCH aufbrühen. Die Vanilleschote längs aufschlitzen und in eine hitzefeste Karaffe oder Kanne geben. Den heißen Kaffee darüber gießen und den Zucker gründlich einrühren. Den Kaffee etwas abkühlen lassen, dann in den Kühlschrank stellen, bis er kalt ist.

PASSENDE GLÄSER BIS zur Hälfte mit Kaffee füllen. In jedes Glas 1 Kugel Vanilleeis geben und gleich einen Strohhalm dazustecken. Die leicht geschlagene Sahne darüber verteilen und sofort servieren, damit sich die Eiscreme nicht lange mit dem Kaffee vermischen kann, sonst sieht der Eiskaffee weniger appetitlich aus.

FÜR 6 PERSONEN

6 Tassen sehr heißer Kaffee
1 Vanilleschote
12 TL Zucker
6 Kugeln Vanilleeiscreme
leicht geschlagene Sahne zum Garnieren

69

Irish Coffee
[KAFFEE MIT WHISKEY]

Früher war er ein beliebter Partygag, heute ist er ein wenig in Vergessenheit geraten. Aber dieser Klassiker schmeckt, wenn er richtig zubereitet wird, ganz ausgezeichnet. Am günstigsten wäre es, wenn Sie noch echte Irish-Coffee-Gläser fänden, die in ein Gestell über eine Spiritusflamme gehängt und erhitzt werden können. Beachten Sie, dass genügend Zucker im Irish Coffee sein muss, damit sich die Sahne nicht zu rasch mit dem Kaffee vermischt, sonst sieht das Ganze unansehnlich aus. Außerdem ist der Zucker dabei ein wichtiger Geschmacksträger.

ZUBEREITUNGSZEIT: ETWA 10 MINUTEN

> **DEN WHISKEY MIT** dem braunen Zucker in einem hitzebeständigen Glas über einer Flamme drehend erhitzen – die Mischung darf aber auf keinen Fall kochen.

> **DEN SEHR HEISSEN** Kaffee langsam bis auf einen Fingerbreit unter dem Glasrand auffüllen. Zuletzt vorsichtig die Sahne darüber füllen und gleich servieren. Getrunken wird durch die Sahneschicht hindurch, also ohne umzurühren.

Café Après
[KAFFEE MIT SCHOKOLADE]

ZUBEREITUNGSZEIT: ETWA 20 MINUTEN

> **HITZEFESTE GLÄSER** vorwärmen. Die Milch mit der zerbröckelten Schokolade und der Zimtstange in einen Topf geben und bei mittlerer Hitze unter ständigem Rühren aufkochen lassen. Den Topf vom Herd nehmen.

> **DIE VANILLESCHOTE** aufschlitzen und mit dem Kaffee und der Orangenschale in die heiße Milch rühren. Kurz ziehen lassen, dann durch ein Sieb in die vorgewärmten Gläser gießen und sofort servieren. Wer mag, kann den Schoko-Kaffee mit ein wenig Alkohol (am besten Rum) aromatisieren.

TIPP
Die Sahne darf nur leicht geschlagen werden, muss also noch weich fließend sein und sie muss kalt sein, damit sie beim Trinken den sehr heißen Kaffee leicht abkühlt.

FÜR 1 PERSON

3–4 cl Irish Whiskey
2 TL brauner Zucker
1 Tasse heißer starker Kaffee
leicht geschlagene Sahne

FÜR 4 PERSONEN

1 l Milch
100 g Zartbitter-Schokolade
1 Zimtstange
1 Vanilleschote
1 Tasse sehr starker Kaffee
abgeriebene Schale von
1/2 unbehandelten Orange

Italian Hot Coffee

ZUBEREITUNGSZEIT: ETWA 10 MINUTEN

DEN BRANDY mit dem Amaretto erhitzen (z. B. mit der Dampfdüse der Espressomaschine), aber nicht kochen lassen. In ein feuerfestes Glas umfüllen.

DEN ZUCKER dazugeben und mit dem heißen Espresso auffüllen. Umrühren und die Sahne vorsichtig darauf gießen. Gleich servieren.

FÜR 1 PERSON

2–3 cl italienischer
 Brandy
1 cl Amaretto
brauner Zucker nach
 Geschmack
1 Tasse doppelter
 Espresso (frisch, heiß)
etwas Sahne

French Hot Coffee

ZUBEREITUNGSZEIT: ETWA 10 MINUTEN

DEN CALVADOS und den Grand Marnier erhitzen, aber nicht aufkochen lassen. In ein feuerfestes Glas umfüllen.

DEN ZUCKER dazugeben, mit heißem Kaffee auffüllen, umrühren und die Sahne auf die Oberfläche laufen lassen. Gleich servieren.

FÜR 1 PERSON

2–3 cl Calvados
1–2 cl Grand Marnier
brauner Zucker nach
 Geschmack
1 Tasse frisch aufgebrüh-
 ter heißer Kaffee
etwas Sahne

Café Brûlot

ZUBEREITUNGSZEIT: ETWA 10 MINUTEN

DEN COGNAC in einem feuerfesten Glas erhitzen, nicht zum Kochen bringen (siehe S. 71, Irish Coffee). Den Triple Sec oder Cointreau und den heißen Kaffee dazugießen.

DIE ZITRONEN- und die Orangenschale am Stiel der Nelke aufspießen, mit dem Zimt zur Kaffeemischung geben und mit braunem Zucker zum Süßen servieren.

FÜR 1 PERSON

3–4 cl Cognac
1 cl Triple Sec oder
 Cointreau
1 Tasse frisch aufgebrüh-
 ter heißer Kaffee
je 1 Stückchen Zitronen-
 und Orangenschale (von
 unbehandelten Früchten)
1 Gewürznelke
etwas Zimtpulver und
 brauner Zucker

Mixgetränke mit kaltem Kaffee sind besonders im Sommer sehr erfrischend. Sie sollten aber darauf achten, eine aromatische, nicht zu stark geröstete Kaffeesorte mit hohem Arabica-Anteil für den Kaffee zu verwenden, damit der Drink nicht bitter schmeckt. Da die Eiswürfel den Kaffee verwässern, muss er etwa doppelt so stark wie gewohnt zubereitet werden. Frappés sind mit Eiswürfeln gemixte schaumig-cremige Getränke, die am besten mit einem Shaker oder im Elektromixer zubereitet werden. Experimentieren Sie bei den Aromen mit Zitrus-Schalen, ganz wenig Saft oder anderen Likören / Sirups.

Coffee on the rocks
[AROMATISIERTER EISKAFFEE]

ZUBEREITUNGSZEIT: ETWA 10 MINUTEN

> DIE EISWÜRFEL MIT dem Puderzucker in ein Whiskey-Glas geben. Den Espresso darüber gießen und umrühren, bis er abgekühlt ist.

> MIT ORANGE-BITTER aromatisieren und mit dem Minzezweig garniert servieren.

FÜR 1 PERSON

2 Eiswürfel
2 TL Puderzucker
1 Tasse frisch zubereiteter Espresso
einige Tropfen Orange-Bitter
1 Zweig Minze zum Garnieren

Coffee Frappé
[SCHAUMIGER EISKAFFEE]

ZUBEREITUNGSZEIT: ETWA 10 MINUTEN
ABKÜHLZEIT: ETWA 2 STUNDEN

> DIE ZIMTSTANGE MIT der Nelke und den leicht angedrückten Pimentkörnern in ein Gefäß geben und mit dem heißen Kaffee übergießen. Das Gefäß zudecken und etwa 2 Stunden in den Kühlschrank stellen.

> DEN AROMATISIERTEN KAFFEE durch ein Sieb in einen Mixer oder Shaker gießen, die Eiswürfel und den Zucker dazugeben und sehr kräftig schütteln oder mixen, bis die Eiswürfel zerkleinert sind. Die Sahne dazugeben und nochmals kräftig mixen, bis die Mischung glatt und cremig ist. In ein Glas gießen und sofort servieren, ehe der Schaum zusammenfällt.

FÜR 1 PERSON

$1/2$ Zimtstange
1 Gewürznelke
2 Pimentkörner
1 Tasse frisch aufgebrühter, doppelt starker Kaffee
2–3 Eiswürfel
2–3 TL brauner Zucker
2 EL Sahne

75

Glossar der Kaffeesorten

ANGOLA

Es produziert nur ganz geringe Erträge, aber weiche, milde und relativ neutrale Kaffeesorten. Sie werden gern für Mischungen verwendet.

BRASILIEN

Das größte Kaffeeanbaugebiet der Welt. Am besten sind die »Santos«-Sorten mit reinem, mildem Geschmack. Die »Rio«-Sorten dagegen sind rau mit markantem Geschmack und werden vor allem zum Mischen mit anderen Sorten verwendet.

COSTA RICA

Hier werden fein-aromatische Hochland-Arabica-Sorten mit roh bläulich-grünen Bohnen produziert. Milder bis kräftiger Geschmack, hoher Säuregrad. Werden sortenrein oder für Mischungen verwendet.

EL SALVADOR

Seine Tiefland-Kaffees sind eher neutral mit angenehmer Säure, die Hochlandsorten sind aromatisch und mild.

ESPRESSO

Mischung aus verschiedenen Arabica-Sorten, oft mit kleinem Robusta-Anteil (er sorgt für eine schönere »crema«). Kräftig geröstet mit herzhaft-würzigem Geschmack, weniger Koffein als andere Sorten.

FRANZÖSISCHE RÖSTUNG

Für sie werden die Bohnen am stärksten geröstet, sodass der Kaffee einen leicht rauchigen Geschmack hat.

GUATEMALA

Es produziert milde und weiche Kaffeesorten mit feinem Aroma. Die Sorten aus dem Hochland ergeben einen besonders vollmundigen Kaffee.

JAMAICA

Seine Blue-Mountain-Sorten sind besonders begehrt, weil sie sehr aromatisch, dabei aber weich und mild sind. Sie dürfen nicht zu stark geröstet werden, weil sonst der feine Geschmack leidet.

KENIA

Die Kaffeesorten eignen sich besonders für Mokka, sie sind sehr aromatisch und haben eine feine bis stark ausgeprägte Säure, schmecken aber eher mild.

KOLUMBIEN

Seine Kaffees haben eine vollen Geschmack bei einer meist geringen Säure, sodass sie gern für naturmilde Kaffeesorten verwendet werden.

MEXIKO

Die besten Sorten haben einen weichen, vollen Geschmack mit einer pikanten Bitternote, aber relativ wenig Säure.

MOKKA

Eine aus arabischen Kaffeesorten hergestellte Mischung. Die Bohnen werden scharf geröstet, der Kaffee hat meist einen kräftigen Säuregehalt.

PUERTO RICO

Es stellt sehr geschätzte Kaffeesorten her, die einen milden, voll aromatischen Kaffee mit viel Aroma ergeben.

WIENER RÖSTUNG
(VIENNA ROAST)

Die Kaffeebohnen (meist reine Arabica-Sorten) werden dunkler geröstet als für herkömmlichen Filterkaffee, aber nicht so stark wie für Espressomischungen. Für die Zubereitung ist eine französische Cafétière am besten geeignet.

Glossar der Kaffee-Getränke

BICERIN
Spezialität aus Turin, besteht aus Kaffe, Schokolade und Sahne

BRAUNER
»Schwarzer « mit so viel Milch, dass er eine braune Farbe erhält

CAFÉ AU LAIT
frz. Milchkaffee in einer großen Schale

CAFFÈ DOPPIO
doppelter Espresso

CAFFÈ CORETTO
Espresso mit einem Schuss Grappa, Weinbrand oder Likör

CAFFÈ LATTE
Milchkaffee mit $^4/_5$ Milch, im Glas

CAFFÈ LUNGO
mit Wasser verlängerter Espresso (heißt auch »Americano«)

CAPPUCCINO
Espresso mit geschäumter heißer Milch, bestäubt mit Kakaopulver

EINSPÄNNER
»Schwarzer« im Henkelglas mit Schlagsahne

ESPRESSO
kleiner starker Kaffee aus der Espresso-Maschine

FIAKER
großer »Schwarzer« in Glas oder Tasse mit einem Schuss oder Kirschwasser

FRANZISKANER
sehr helle Melange mit Schlagsahne und Schokoladenstreuseln

GESPRITZTER
Kaffee mit einem Schuss Alkohol

KAFFEE VERKEHRT
viel Milch mit einem Schuss Kaffee

KAHVE
türkischer Kaffee

KONSUL
schwarzer Kaffee mit einem Schuss Sahne

LATTE MACCHIATO
heiße Milch mit einem Schuss Espresso im Glas

MELANGE
Milchkaffee (meist aus Mokka) in einer Tasse oder einem Glas

MILCHKAFFEE
aufgebrühter Kaffee mit reichlich Milch

MOKKA
Kaffee mit doppelter oder dreifacher Menge Pulver

SCHWARZER
schwarzer Filterkaffee ohne Milch

VERLÄNGERTER
wie Caffè lungo

Register

**Die Temperaturstufen bei Gas-
herden** variieren von Hersteller
zu Hersteller. Welche Stufe
Ihres Herdes der jeweils an-
gegebenen Temperatur ent-
spricht, entnehmen Sie bitte
der Gebrauchsanweisung.

Impressum

REDAKTION:
Stefanie Poziombka

LEKTORAT:
Adelheid Schmidt-Thomé

LAYOUT UND TYPOGRAPHIE:
Claudia Fillmann

UMSCHLAGGESTALTUNG:
Claudia Fillmann,
independent Medien Design

FOTOS: siehe Bildnachweis

FOODSTYLING: Katrin Maier

ASSISTENZ FOODSTYLING:
Bric Bertu

HERSTELLUNG:
Renate Hutt

SATZ: Filmsatz Schröter, München

REPRODUKTION:
Penta Repro, München

DRUCK UND BINDUNG:
Druckerei Auer, Donauwörth

ISBN 3-7742-2712-8
Auflage 5. 4. 3. 2.
Jahr 2005 04 03 02

Yasar Karaoglu, 1966 in Bandirma (Türkei) geboren, kam mit 11 Jahren zu seiner in Deutschland lebenden Familie nach Aalen. Hier lernte er zunächst Elektrotechniker. 1989 entscheidet er sich für die gastronomische Laufbahn und beginnt als Barkeeper in der Bar Schumanns in München, wo er heute noch lebt und inzwischen selbst eine Bar führt. Gleichzeitig eröffneten sich ganz neue Welten: Er entdeckte seine Liebe zur Fotografie. Dabei geht es ihm hauptsächlich um die einfachen Dinge des Lebens. Es folgte eine Zeit des Reisens: New York, Länder des afrikanischen und asiatischen Kontinents waren Ziele auf der Suche nach ihnen. Ihre Ergebnisse zeigte er auch in Ausstellungen.

Yasar Karaoglu dankt **Ayten Eral** für ihre Unterstützung. 1972 in Tunceli (Türkei) geboren, kam sie mit 6 Jahren nach Deutschland. Sie studiert Politische Wissenschaften und Germanistik und ist als freie Autorin tätig.

Reinhardt Hess Obwohl 1948 geboren, ist er immer mit dem Duft von bestem Bohnenkaffee aufgewachsen: Seine Mutter betrieb in den 50er-Jahren einen kleinen Kaffeehandel. Und er musste als kleiner Junge die köstlich duftenden Päckchen austragen. Die Liebe zum Kaffee blieb. Nach dem Studium arbeitete er (immer eine Tasse Kaffee neben sich) bei der größten deutschen Foodzeitschrift, dann bei Kochbuchverlagen und wurde schließlich freier Buchautor. Seine Vorlieben sind die italienische Küche und der italienische Espresso.

Stefan Braun arbeitet als selbstständiger Fotograf in München. Nach dem »Kühlschrankkochbuch« ist dies das zweite Buch für den GU-Verlag.

Katrin Maier Die Innenarchitektin lebt in München und arbeitet als freie Foodstylistin.

BILDNACHWEIS:
Titelbild & Rezeptbilder: Stefan Braun, außerdem S. 6 links, 27, 29, 35, 42 links; image bank: A. Becker S. 6 rechts, 21, 56 links; K. Chernush S. 2 rechts unten, 26 rechts; W. Dieterich S. 56 rechts; K. Forest S. 3 rechts, 55; A. Incrocci S. 26 links; PS Productions S. 57; S. Scata S. 2 links, 12 rechts; Yellow Dog Prods S. 54 links; Laif: D. Biskup S. 42 rechts; L. Caputo S. 23, 25; Celentano S. 4/5; T. Ebert S. 53; H. Eid S. 7, 47; P. Gebhard S. 54 rechts; M. Gonzalez S. 9; P. Hahn S. 2 rechts oben, 18, 19; G. Huber S. 51; A. Kraus S. 10 links, 11, 12 links, 28 links, 68 oben; Ludovic S. 68 unten; A. Neumann S. 45, 65; Sasse S. 8 links, 10 rechts; H. Specht S. 3 links, 43; Tueremis S. 15, 17; Zanettini S. 28 rechts; außerdem: A. Schmidt-Thomé S. 8 rechts

Das Original mit Garantie